KB109314

# 발트3국

잊혀졌던 유럽의 관문

# 차례
Contents

# 발트3국에 대한 오해와 진실

## 유럽의 나도밤나무

개인적으로 '발트3국'하면 떠오르는 우리나라의 유명한 전설이 하나 있다. 이율곡 선생과 관련된 '나도밤나무' 전설이 그것이다. 이 전설의 내용은 지역에 따라서 많은 차이를 보이고 있기는 하지만, 대체적으로 가장 많이 알려진 내용은 다음과 같다.

강릉 어딘가에 율곡재라는 마을이 있다고 한다. 율곡 선생은 강릉 부근에 있는 산을 오가면서 학문을 닦고 있었는데, 어느 날 현재의 율곡재를 지날 무렵 한 도사를 만나게 되었다. 생면부지의 그 도사는 율곡 선생에게 난데없이 다음과 같은 이야기를 전해주었다.

"관상을 보니 크게 되실 위인이오만, 이곳을 매일 지나다니시다가 호랑이에게 화를 당할 운명을 타고 나셨소."

예상치 못한 점괘를 들은 율곡 선생은 그 도사에게 어떻게 하면 살 수 있을지를 물었고, 도사는 그 산마루에 1,000그루의 밤나무를 심으면 화를 면하게 될 것이라고 일러주었다. 그 후 율곡 선생은 제자들과 가족들의 힘을 빌려 주변에 있는 크고 작은 밤나무 1,000그루를 모아다가 그 자리에 심었다.

그 후 몇 년 뒤, 자기가 심은 밤나무가 자라 무성한 숲으로 변한 산마루를 지나고 있던 율곡 선생에게 갑자기 큰 호랑이가 나타나 말했다.

"내가 너의 기량과 수양의 정도를 시험하기 위해 몇 년 전 산신령을 보내 이곳에 밤나무 1,000그루를 심으라 일렀거늘, 어찌하여 너는 그 일을 다하지 못하였느냐! 그 대가로 내 당장 너를 데리고 가겠노라."

율곡 선생은 자신 있게 밤나무 1,000그루를 다 심었노라 장담하고 나무를 전부 세어보기 시작했다. 분명 1,000그루를 심었다고 생각했으나, 한 그루가 모자란 것이었다. 이에 호랑이가 율곡 선생을 해치려던 찰나, 어딘가에서 누군가 힘차게 외치며 나오는 것이었다.

"나도 밤나무다, 나는 왜 안 세냐!"

숲 어딘가에, 미처 다 자라지 못한, 싹만 겨우 나와 있던 밤나무가 있었던 것이다. 그 밤나무는 용감하게 나와 호랑이에게 자기도 밤나무로 세라고 소리를 질러댔고, 덕분에 율곡 선생은 목숨을 구했다.

유럽은 밤나무 숲처럼 굉장히 넓은 동네다. 세계사의 흐름을 주도하고, 지구 상을 휘젓고 다니던 거대한 동네이다. 그리고 각자 다른 역사와 문화, 언어를 가진 작은 나라들이 서로 어깨를 맞닿아 모여 있는 곳이기도 하다.

일반적으로 생각하는 유럽은 으리으리한 건축물과 화려한 궁전, 쭉 뻗은 대로, 자유로운 낭만, 이런 것들이 가득 찬 곳이지만, 내가 아는 유럽은 소박하고, 아기자기하고, 생존을 위하여 역사 내내 투쟁을 해야만 하고, 침략당하고, 슬픈 일을 겪고, 우울한, 그런 곳이다. 그래서 내가 아는 유럽은 우울하고, 쓸쓸하다.

발트3국도 엄연히 유럽문화의 한 부분이다. 슬라브, 스칸디나비아 등 유럽 주류문화에 둘러싸여 있지만, 그들의 문화와 당당히 비교할 수 있는 독특한 자신들만의 문화를 가지고 있고, 슬라브어도 아닌, 게르만어도 아닌, 스칸디나비아어도 아닌 자신들만의 독특한 언어를 사용하는 나라들이다.

이 나라들은 유럽이라는 밤나무 숲에서 엄연히 자라고 있는 '나도밤나무'인 셈이다. 이 나라들이 율곡 선생의 그 밤나무처럼 "나도 밤나무야, 나는 왜 안 세냐?" 하고 세계의 무대로 뛰쳐나온 지 20년이 지났다. 리투아니아, 라트비아, 에스토니아라

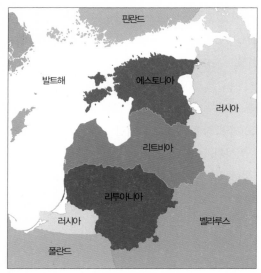

 안에 포함된 라벨:
핀란드
발트해
에스토니아
러시아
리트비아
리투아니아
러시아
벨라루스
폴란드

발트3국과 주변 국가들

는 이름의 이 나도밤나무들은, 우리들에게 발트3국이라는 이름으로 더 잘 알려져 있다.

**발트해 연안에는 나라가 세 개만 있다?**

발트해는 덴마크로부터 시작해서 독일, 폴란드, 발트3국, 스칸디나비아반도가 감싸 안고 있는 바다이다. 그 넓은 발트해를 그 세 나라가 전세를 낸 것이 아니라면, 발트라는 이름을 자기네만의 브랜드처럼 사용해도 되는 것일까?

대체 발트라는 말은 어디서 나왔을까? 발트해 주변에 살고 있는 '대다수' 사람들이 부르는 그 바다 이름엔 공통적으로 'balt-'라는 어근이 들어간다. 리투아니아어로는 'Baltijos Jūra', 라트비아어로는 'Baltijas Jūra'로 불리고 있는데, balt-라는 어근은 리투아니아어, 라트비아어로 '희다(리투아니아어 baltas, 라트비아어 balts)'라는 형용사에 공통적으로 들어가는 말이다. 그럼, 발트해란 정녕 '흰 바다'란 말인가?

발트해 연안에 가보면, 정말 그 바다가 하얗다는 느낌을 받을 때가 있다. 맑은 초록색도 아니고, 파란색도 아닌 약간 뿌연 색. 소련시절 군수시설 폐기물이 발트해로 무단방류된 것 때문에, 한동안 수영을 하기에 적당하지 못한 곳으로 낙인찍히기도 했지만, 그 때문에 물빛이 흰 것은 아닐 것이다. 높은 파도가 아닌 찰랑찰랑 낮은 물보라가 뿌연 거품을 내뿜는 바다가 발트해다.

에스토니아에서 사용하는 발트해의 이름은 래네메리 Läänemeri, 직역하면 '서해'이다. 그 바다는 에스토니아의 서쪽에 위치해 있어, 그 바다로 어김없이 해가 진다. 소련 시절에는 강제적으로 이 바다를 '발트해'라고 불러야 했으나, 에스토니아 사람들의 정서를 담은 민요나 노래에서는 이 바다를 전부 '서해'라는 이름으로 불렀다.

독일에서는 그 바다를 '동해'라고 부른다. 덴마크나 스웨덴 등 스칸디나비아어로도 발트해는 '동해'이지 '하얀 바다'가 아니다. 폴란드어에서는 'balt'와 음가가 비슷한 단어를 쓰고 있는데, 희다는 뜻과는 관련이 없다. 라트비아어로도 '흰 바다' 이외에 '큰 바다'라는 뜻의 다른 단어가 동시에 쓰이고 있다.

'발트해'란 표현은 독일 브레멘에 살던 '아담'이라는 한 역사가가 1076년 『함부르그 대주교들의 행적*Gesta Hammaburgensis ecclesiae pontificum*』이라는 책에 이 바다를 'Mare Balticum'이라고 명명한 데서 나왔다는 이야기가 전해진다. 발트해가 허리띠처럼 길기 때문에, 당시 '허리띠'라는 단어의 음가에서 차용된 단어라고 한다.

사실 우리가 알고 있는 발트3국은 공식명칭이 아니다. 현재이 세 나라가 위치한 지역에 '3국'이 등장한 것은 겨우 20세기에 들어서이기 때문이다. 정작 그 나라들이 발트3국으로 불리게 된 것은 소련의 영향이 크다. 발트3국이 소련의 공화국으로 존재하던 시절, 서유럽으로 가던 창이었던 이 나라들은 소련전 지역에서 거의 유일하게 발트해와 맞닿아 있는 지역이었기 때문에 내륙에 있는 다른 공화국들과 차별화하여 발트3국으로 불렸다. 독립을 한 이후에도 이 말은 리투아니아, 라트비아, 에스토니아 세 나라만을 일컫는 말로 자연스럽게 굳어져 버렸는데, 이 역시 소련의 잔재에서 비롯된 것이라 할 수 있다.

그런 이유 때문에 이곳 현지 사람들은, 자신들을 발트 연안국가라고 부르는 일은 있어도, 굳이 3이란 숫자를 넣어서 발트3국이라고 말하지는 않는다. 발트 해안이 단지 그 나라들만의 것이 아니기 때문이다. 그리고 2004년 이 세 나라가 유럽연합의 일원이 된 이후 이 바다는 유럽연합 안에 존재하는 바다가되었다.

## 러시아어만 알면 다 통할 수 있다?

소련에서 독립한 여러 나라들을 보면, 러시아어가 공식어는 아닐지언정 여전히 국어와 맞먹는 상당한 영향력을 가지고 있다. 그 나라의 고유어가 있다 하더라도, 정작 그 나라의 대통령조차 그것을 구사하지 못하는 나라도 있을 정도이다. 그러므로 러시아어를 안다면 구소련 지역에서 사업을 하거나 여행을 하는 데 많은 도움이 된다.

그들만의 나라를 만들어 보지도 못하고 타민족의 지배만 수백 년 동안 당한 이 작은 나라의 국민들 역시 아마 그동안 자기의 언어를 잃어버리고 러시아어만 사용하는 처지가 된 것이 아닐까 생각하는 것도 무리는 아닐 것이다. 세 나라의 인구를 다 합쳐도 서울의 인구조차 안 되는 발트3국. 가장 북단인 에스토니아 탈린에서 가장 남단인 리투아니아와 폴란드의 국경까지 찻길로 한나절이면 도달할 수 있는 작은 영토. 그렇게 작은 민족들이지만, 그들은 엄연히 그들의 고유한 언어를 가지고 있다. 게다가 수백 년 동안 외세의 지배를 받았다는 사실이 믿기지 않을 만큼 그들이 사용하는 언어는 타민족의 지배가 시작되기 이전에 보이던 고대의 형태를 그대로 지니고 있다.

오늘을 사는 한국 사람이 타임머신을 타고 고려시대로 갔을 경우, 고려 사람들과 지금 쓰는 우리말로 이야기를 할 수 있을까? 분단된 지 얼마 되지도 않은 상태의 남북한 언어에도 엄청난 차이가 존재하는데, 고려인과 현대 한국인과의 대화는 거의 불가능하지 않을까 싶다. 하지만 리투아니아어의 경우는 사정이 좀 다르다. 1547년 마즈비다스Mazvydas라는 신부가 리투아니아어로 최초로 발간한 책 『교리문답katekizmas』에 나오는 중세 리투아니아어는 리투아니아어를 조금 아는 외국인도 원문만 보고 무슨 말인지 알 수 있을 정도이다.

우선 세 나라 중 리투아니아어와 라트비아어는 발트어라는 독특한 어군을 형성한다. 발트어라고 한다면 현재 '공식적으로' 그 두 언어 외에는 남아 있는 것이 없다. 역사적으로 보면 현재 폴란드와 리투아니아 사이에 조그맣게 남아 있는 러시아의 주州인 칼리닌그라드 지역에 살고 있던 프러시아인들과, 요트빙게 이족 등 다양한 민족이 발트어를 쓰는 민족으로 기록되어 있으나, 인접하는 슬라브인들 그리고 그 지역을 거점으로 무역을 했던 독일인들과의 융화 등으로 현재는 사라져버린 상태이다.

프러시아인이라고 알려진 민족은, 칼리닌그라드의 옛말인 쾨니스버그가 중심이 되었던 독일의 또 다른 영토였던 프러시아에 살던 사람을 말하는 것이 아니다. 그들은 독일인들이 진출하기 전부터 폴란드 동쪽지역에서 시작해 현재 칼리닌그라드와 리투아니아의 국경지대까지 넓게 걸쳐 거주했던 종족으로, 서유럽 사람들이 접했던 최초의 발트인들이라고 기록되어 있다.

고대문서에 나타나는 발트인들에 대한 언급은 주로 이 지역에 살던 프러시아인들에 대한 것이었다고 전해진다. 이 프러시아인들은 현재 자취를 감추어버렸으며, 그곳을 점령한 독일인들이 소리나는 대로만 기록해 놓은 문서 몇 개가 프러시아어의 자취를 보여주는 기록으로 남아 있을 뿐이다.

리투아니아어와 라트비아어는 한 어군으로서 많은 연관성을 가지고 있지만, 각자의 언어로 '인사한 후, 소개하고, 이름 말하고, 어떻게 지내는지 안부를 물으면' 그 이후에는 의사소통을 할 수 없을 정도로 많은 차이가 있다.

꼭 언어학을 공부하는 사람들이 아니더라도 유럽에서 사용되는 언어 중 대부분이 인도유럽어족에 속한다는 것은 알고 있을 것이다. 인도와 유럽 사이의 어마어마한 거리를 생각해보면 인도와 유럽이 그렇게 나란히 붙을 수 있다는 것이 놀랍기만 하다. 그러나 리투아니아어와 인도의 고대 언어 산스크리트어를 배우면 '인도유럽어족'이라는 단어가 왜 말이 되는지 이해할 수 있다. 단어라던가 문장 구성에 남아 있는 산스크리트어와 리투아니아어의 신비로울 정도의 공통점은 많은 언어학자들의 연구대상이 되고 있다. 리투아니아어로 양羊을 말하는 avis라는 단어는 고대 산스크리트어로도 avis라 불렸다. 신神이라는 단어 dievas는 산스크리트어인 devas와 흡사하고, 연기煙氣를 의미하는 리투아니아어 단어 dūmas는 산스크리트어 단어인 dhumas와 흡사하다.

리투아니아를 최초로 건설한 사람은 네로 학정의 폭정을 피해 로마에서 탈출한 귀족이라는 전설이 있는 만큼, 라틴어와의 연관성도 아주 많다. 현재 다른 인도유럽어족 언어에서는 쓰이지 않는 라틴어식 동사변화나 분사, 구문 등이 아직 리투아니아어에 많이 남아 있다.

리투아니아어가 이렇게 변화를 많이 겪지 않고 지켜져 올 수 있던 것은 상당히 신비로운 일이 아닐 수 없다. 일단 러시아 어가 공식어였던 제정 러시아 시절이나 소련 시절에도 가정에 서 이루어지는 교육의 질이 상당히 높아서 정통 리투아니아어 를 배우는 데 별 문제가 없었으며, 가정에서는 전부 리투아니 아어를 자연스럽게 사용할 수 있는 환경이었다고 한다.

또 리투아니아어 표기가 전면 금지되었던 19세기 말과 20세 기 초에 리투아니아 민족정신에 불을 붙이는 사건이 많이 일 어나면서 현대 리투아니아 문화의 틀을 갖추게 되었다. 이를 보 면, 인간에게는 누르면 누를수록 더 자신의 것을 끌어안는 본 능 같은 것이 있는 것 같다.

발트에서 가장 인구가 적은 에스토니아어는 리투아니아어, 라트비아어와는 전혀 연관성이 없는, 완전히 다른 차원의 언어 다. 에스토니아어는 유럽 내 대부분의 민족이 구사하고 있는 인도유럽어족에도 속하지 않는 언어로 핀란드, 헝가리 등과 같 이 핀위구르어라는 독특한 어족을 이루고 있다.

에스토니아어로 공화국은 vabariik(바바릭)이라 불린다. 유럽 에서 라틴어 universitas와 비슷한 단어가 일반적으로 쓰이는 '대학교'는 에스토니아에서 ülikool(윌리콜)이란 이름이 있고, 라 틴어 litteratura와 비슷한 형태가 주를 이루는 '문학'이라는 단 어는 kirjandus(끼리안두스), 라틴어 historia와 비슷한 형태가 일 반적인 '역사'라는 의미의 단어 역시 ajalugu(아얄루구)라는 기상

천외한 단어가 쓰이고 있다. 이런 차이로 인해 흔히들 리투아니아어, 라트비아어와 에스토니아어의 차이는 영어와 터키어 정도의 차이가 된다고 한다. 그래서 리투아니아 사람이건 라트비아 사람이건, 에스토니아어를 들으면 정말 한 마디도 못 알아듣는다.

# 이끼 향기 나는 도시, 리투아니아의 수도 빌뉴스

리투아니아 최대의 도시 빌뉴스Vilnius에 가면 독특한 향기가 있다. 내가 이 도시를 지독히 사랑하거나, 그 아름다움에 도취되어 이 도시에 대해서 무조건 극찬하는 것은 아니지만, 이 도시에 가면 곳곳에서 뭔가 기분 나쁘지 않은 케케묵은 향기가 나는 것이 사실이다.

빌뉴스 모든 지역에 그런 향기가 난다고 하지는 않겠다. 그 향기의 정체를 알고 싶은 사람은 빌뉴스에 가게 되면 꼭 들러봐야 할 명소이기도 한 빌뉴스 대학교에 들어가 보면 된다. 과거 구소련지역에서는 가장 오래된 대학으로 손꼽혔고, 또 전체 유럽에서 보더라도 가장 오래된 대학 중에 하나인 이 빌뉴스 대학교는 창립연도가 1579년이다. 일단 구시가지 한가운데 있는 빌뉴스 대학교 본관 건물과 그 건물에 딸린 교회, 천정화와 벽화가 유명한 대학 서점 등에 들어가면 이 학교의 역사가 얼마나 되었는지 자연적으로 느낄 수 있다. 건물 벽에서 습기를 먹고 자란 이끼가 뿜어내는 뭔가 케케묵은 듯한 향이 바로 그것이다. 인문대학, 도서관, 그리고

빌뉴스 대학교 내부에 있는 성 요한 성당

비밀통로처럼 얽힌 복도들 여기저기에서도 그런 향기가 난다.

빌뉴스 곳곳에 들어서 있는 가톨릭 성당과 지붕이 금빛으로 반짝이는 러시아정교회들. 전부 소련 당시 보드카 창고로 쓰이고 무신론 박물관이 되고, 화랑이 되어 여러 번 구실이 바뀌었지만 다시 제구실로 돌아오기까지, 그 수백 년간 묵은 이끼와 곰팡이들이 뿜어내는 역하지 않은 케케묵은 듯한 냄새 역시 사람들에게 이 도시의 역사를 묵묵히 말해주고 있다.

이 대학교 정문 바로 앞에 위치해 있는 리투아니아 공화국 대통령궁을 보면 알 수 있듯, 이 도시 빌뉴스는 리투아니아 공화국의 수도이다.

빌뉴스가 처음부터 리투아니아의 수도였던 것은 아니다. 약 14세기경 빌뉴스에서 그다지 멀지 않은 트라카이Trakai란 곳에

트라카이 성

서 이곳으로 수도를 옮기게 된 사연을, 역사는 이렇게 기록하고
있다.

　　게디미나스는 트라카이에서 4마일 떨어진 곳으로 사냥을
나갔다. 커다란 들소를 만나 쫓아가다가 네리스 강변의 산자
락에 이르게 되었다. 이미 트라카이로 돌아가기에는 지나치
게 늦은 시간이라 네리스 강변 들판에서 머물러 하룻밤을
노숙하게 되었다. 그는 꿈에서 한 산꼭대기에 철갑을 두른
늑대 한 마리가 있는 것을 보았는데, 소리가 어찌나 큰지 그
속에 늑대 백 마리가 들어 있는 것 같았다. 그 늑대를 활로
쏘아 죽이려 했지만, 화살들은 전부 그 철갑에 맞아 다시 튕
겨 나올 뿐이었다. 게디미나스는 잠이 깬 후 트라카이에 돌

아가 가장 유능한 점장이에게 그 꿈 해몽을 부탁하였다. 그 점장이는 그 꿈 이야기를 모두 듣고 난 후 이렇게 말했다.

"대공작이시여, 그 철갑을 두른 늑대는 그곳에 이 나라의 수도가 생길 것이라는 의미이고, 그 늑대의 소리가 100마리 늑대 같았다는 것은 그 도시의 명성이 전 세계에 퍼질 것이라는 뜻이옵니다."

게디미나스는 그 후 사람들을 보내어 그곳에 도시를 짓게 하고 그 도시 이름을 빌뉴스라 명하였다.

게디미나스는 리투아니아 역사상 가장 추앙받는 대공작 중 한 명이다. 리투아니아는 14세기까지 기독교화하지 않은 나라였으므로, 교황의 칙령을 받아야만 했던 '왕' 대신 '대공작'이라는 귀족들이 나라를 다스리고 있었다.

이 게디미나스의 이야기는 빌뉴스 한가운데 대성당 광장에 서 있는 게디미나스 동상에 가면 다시 떠올리게 될 것이다. 그 동상 근처 어디에도 이런 전설과 관련된 설명이 없기 때문에 처음 보는 사람은 그 이순신 닮은 사람이 무엇을 한 사람이기에 그 자리에 서 있나 의아해하기 마련이다. 가운데 서 있는 사람은 게디미나스이고, 그 옆으로 게디미나스의 말이 서 있다. 그리고 그 밑으로는 하늘을 향해 고개를 쳐들고 울부짖고 있는 늑대 한 마리가 있다.

위에 기록한 사기의 내용을 아는 사람이라면, 이 동상의 내용이 무엇인지 짐작하기가 그리 어렵지 않을 것이다. 그 동상

빌뉴스 대성당 광장과 게디미나스 동상

을 받치고 있는 사면에는 리투아니아의 역사상 가장 유명한 여러 공작들의 얼굴이 새겨져 있다. 그리고 대성당 뒤편으로는 리투아니아 사람들이 산이라 부르는 한 언덕이 있고, 거기에 게디미나스가 지은 성터가 남아있다.

그 성터 위 노랑, 초록, 빨강의 리투아니아 삼색기가 펄럭이고 있는 전망대에 올라가면, 빌뉴스의 붉은 지붕들이 만들어내는 구시가지의 모습이 아주 아름답다. 광장에서 국회 쪽으로 이어지는 빌뉴스에서 가장 크고 땅값도 비싼 길의 이름은 '게디미나스 대로'이다.

왜 하필 이 도시의 이름이 빌뉴스가 되었을까? 질문이 생기면 참지 못하고 물어보아야 하는 어린왕자처럼 필자도 물어물어 그 이유를 찾아본 결과, 그 전설의 주인공인 늑대가 리투아 니아어로 빌카스Vilkas라 불렸다는 사실을 알아냈다. 빌뉴스와 빌카스 두 소리의 유사성을 살펴보면 어느 정도 그 관계를 유 추할 수 있을 것이다.

그 자리에 수도를 천도할 것을 일러준 그 늑대의 명칭을 따 서 수도 이름을 정했다는 것은 일반정설이 아닌 야사에 내려오 는 내용이고, 실은 주변을 흐르는 강의 이름을 따서 도시명을 정했다고 하는 게 정설이다.

빌뉴스를 흐르는 강은 네리스Neris라는 이름을 가지고 있다. 빌뉴스라는 소리와는 아무리 연관성을 찾아보려고 해도 찾을 수가 없을 것이다. 일부러 찾아보려고 노력할 필요는 없다. 연관 성이란 원래 없기 때문이다. 그 네리스 강의 한 지류 중에 리투 아니아어로 빌르넬레Vilnéle라는 강이 있고, 폴란드어를 비롯한 슬라브어에서는 네리스강이 그 지류의 명칭을 따서 빌리아 강 이라고 불린다. 그 빌리아 강변에 위치한 도시이므로, 그 강의 이름을 따서 빌뉴스가 되었다는 것이 거의 정설로 인정받고 있 다. 빌뉴스에는 '빌리아 강변(Znad Wilii)'이라는 폴란드어 라디 오 방송국도 있다.

폴란드를 비롯한 슬라브 국가에서는 이 도시를 '빌르노 Wilno'라고 부른다. 중세시대에 폴란드와 리투아니아가 한 연합 국으로 존재한 적이 있었던 만큼, 폴란드와의 연관은 아주 깊 다. 또한 러시아 쪽에서 나오는 리투아니아에 관한 정보도 아 주 많다. 슬라브어 권에서 발간된 책에서 리투아니아에 관한 정보를 '퍼온' 책들의 경우, 빌뉴스 대신 '빌르노'라는 이름이 쓰여 있는 경우가 많고, 이를 영어식으로 읽어 '윌노'라는 지구상에 존재하지도 않는 도시 이름으로 기록하는 경우도 있다.

리투아니아 수도 빌뉴스는 수도라고 믿지 못할 만큼 아담하고 조그마하다. 높은 건물도 많이 없고, 지하철이란 것도 없다. 꼬리가 달린 자그마한 트롤리 버스가 사람들을 실어나르는 게 전부이고, 리투아니아 정치의 중심지라는 국회의사당에 가 봐도 서울의 한 구의회 사무실로 밖에 보이지 않는다. 그 작은 마을 같은 동네에 여러 국가의 대사관이 있고, 유네스코 지부가 있고, EU 대표부가 자리 잡고 있다. 아직 한국대사관은 없고, 폴란드 주재 한국대사관에서 리투아니아를 관할하고 있다.

아무튼 그렇게 작고 어쩌면 보잘것없어 보이는 곳이지만, 이

나폴레옹이 손바닥에 얹어 파리에 가져가고 싶다고 극찬했다는 일화로 유명한 성 오나 성당 그리고 폴란드 문호 아담 미츠키에비츠 석상

곳의 그 이끼 향기 나는 구시가지는 유네스코가 지정한 세계문화유산이고, 세계대전 시에도 전쟁의 피해가 없어 중세의 모습이 고스란히 보존된 살아 있는 박물관이다.

게다가 이 빌뉴스는 폴란드, 벨라루시, 리투아니아, 유태인 네 민족에게 모두 중요한 역사적 의미가 있는 도시이다. 리투아니아와 폴란드의 역사적인 관계는 정말 돈독하다. 리투아니아와 폴란드는 14세기부터 수백 년간 연합국을 이루어 하나의 공동체로 살아온 시절이 있었다.

이미 13세기부터 리투아니아의 동편 라트비아와 에스토니아는 독일에 함락되었고, 리투아니아마저 차지하기 위해서 독일군인들이 위에서 그리고 아래에서 누르고 조이는 상황이 이어지고 있었다. 리투아니아와 폴란드는 그런 어려운 상황을 이기기 위해 1386년 리투아니아의 대공작이던 요가일라Jogaila와 폴란드의 왕족인 야드비가Jadwiga가 결혼동맹을 이룸으로써 사실상 연합국이 되었다. 그렇게 창설된 리투아니아-폴란드 연합국은 1410년 동쪽에서 쳐들어오던 독일기사단을 보기 좋게 눌러 버리기도 했다. 폴란드어로 그룬발드Grunwald 전투, 리투아니아어로 잘기리스Žalgiris 전투로 불리는 이 전투에서 연합국은 대승을 거두어 독일의 동방진출을 완전히 저지하였다. 이 전투는 중세시대 있었던 가장 대규모의 전투로 기록되어 있다. 리투아니아의 명성을 세계에 알리고 있는 국가대표 농구팀 잘기리스의 이름은 바로 이 전투에서 비롯된 것이다.

그 여파로 인해, 리투아니아는 중동부 유럽에서 거칠 것이 없는 나라로 발전했다. 벨라루시와 우크라이나마저 리투아니아의 영토로 복속하여, 북쪽으로는 발트해, 아래로는 흑해에 이르는 거대한 영토를 건설했으니, 유럽 역사에서 리투아니아가 가지고 있는 의미는 마케도니아의 알렉산더와 맞먹을 정도였다.

그러나 리투아니아가 중심이 되어 시작된 그 동맹은, 리투아니아 귀족들 사이에 폴란드화의 바람이 불어 통치권이 서서히 친폴란드 귀족들에게 넘어가면서, 16세기를 전후하여 실질적으로 리투아니아가 폴란드의 일부지역으로 몰락하는 결과를 낳았다. 리투아니아의 문화와 언어는 폴란드보다 한 단계 낮은 자리로 밀려나고, 귀족들의 부패로 인해 국력이 쇠락해진 나머지 오스트리아, 독일, 러시아 3국에 의해 분할되고 말았다. 폴란드 3국 분할은, 단지 폴란드만의 문제가 아니었다. 그 결과 리투아니아는 과거의 영광스런 역사와 명예를 뒤로 한 채 제정 러시아의 일부로 복속이 되어 세계사 지도에서 감쪽같이 사라졌고, 제1차 세계대전이 끝난 후에야 독립국으로 유럽 지도에 재등장할 수 있었다.

이렇듯 빌뉴스는 폴란드의 문화를 이끌어가는 폴란드 문화의 중심지였고, 폴란드인들이 추앙하는 여러 문호들을 탄생시킨 곳이기도 했다. 폴란드가 낳은 세계적인 문호 아담 미츠키에비츠가 저술한 『판 타데우시』는 "리투아니아, 나의 조국"이라는 구절로 시작할 만큼, 폴란드인들이 빌뉴스에 가지고 있는 감정은 아주 특별할 수밖에 없다.

제1차 세계대전 후 리투아니아가 잠시 독립을 했을 때 폴란드가 빌뉴스 지역을 불법 점령한 것은 리투아니아와 폴란드 간에 씻을 수 없는 오점으로 남아 있다. 제2차 세계대전이 시작되기 전 빌뉴스가 리투아니아인들의 손으로 돌아온 것은 엄밀히 말하면, 폴란드 사람들이 고스란히 돌려준 것이 아니라, 리투아니아가 소련의 영향권 내에 들어오면서 타의반 자의반으로 돌려준 것이기 때문에 폴란드의 역사적 장소가 살아 숨쉬고 있는 이 도시를 못내 아쉬워하는 폴란드인들이 아직 많다. 전 세계에서 '폴란드 제국주의'라는 것을 볼 수 있는 나라가 이 리투아니아라는 말이 있다.

벨라루시의 경우, 벨라루시 국경과 근접한 위치적 이유도 있고, 또 리투아니아-폴란드 연합국 당시 벨라루시 영토가 리투아니아 영토에 소속된 적이 있어서 벨라루시의 문화적인 활동이 다수 이곳 빌뉴스에서 이루어졌기 때문에 그들에게도 중요성이 남다르다. 일단 리투아니아의 사기 중 많은 것이 벨라루시어로 기록된 것은 물론이고, 벨라루시어로 최초로 기록된 책이 빌뉴스에서 나왔다는 것도 아주 중요한 사실이 아닐 수 없다. 이전에 한번 이야기한 바 있지만, 폴란드인들을 비롯한 이곳에 사는 슬라브계인들은 대다수 벨라루시 방언을 사용하고 있다.

유태인들에게도 이 빌뉴스는 아주 중요한 도시이다. 빌뉴스는 '북쪽의 예루살렘'이라고 불렸을 정도로 유태인들이 많이 거주하고 있었다. 물론 현재는 많이 남아 있지 않고, 유태인 회당인 시나고그도 단 하나 밖에 남아 있는 것이 없지만, 전쟁 전에는 유태인이 빌뉴스 전 인구의 13%까지 이른 적도 있었다.

빌뉴스에 살고 있던 유태인들은 다수 나치에 의해 처형되거나 다른 곳으로 추방되었다. 유럽에 살던 유태인들이 구사하던 히브리어의 유럽식 방언은 '이디시'라고 불리는데, 아직도 리투아니아에서는 이디시 연구가 활발히 진행되고 있는 중이다. 실례로 빌뉴스 대학에서는 그 이디시 언어 연수가 아직까지 개최되고 있고, 그 이디시를 배우기 위해 전 세계로부터 많은 학생들이 빌뉴스를 방문할 정도다.

유태인들이 빌뉴스 지역에 거주하기 시작한 것이 12세기부터라고 하는데, 그 오랜 시간 동안 유럽에 거주하면서 만들어진 히브리어의 유럽방언 이디시는 독일어와도 상당히 비슷하다. 이디시가 히브리어의 유럽방언이 아니라, 차라리 독일어의 한 부류라고 하는 사람도 있다. 글자는 히브리어 문자를 쓰지만, 입말은 독일어와 가까운 것이 많다고 한다. 실례로 인사말

빌뉴스 구시가지의 관문

중에는 '샬롬'과 '구텐탁'이 같이 쓰이고 있다고 한다.

게다가 수백 명의 집시들과 중세 시절 리투아니아 왕족들의 개인 호위병으로 이주해 온 타타르인들까지 빌뉴스에 살고 있다. 빌뉴스 공항에서 그리 멀지 않은 곳엔 집시 집단거주지까지 있다.

보기보다 복잡다난한 이 도시에는 현재 60만 명 정도의 인구가 거주하고 있다. 공식적으로 그 중 리투아니아인은 52%, 러시아인은 19.2%, 폴란드인도 19.2%, 벨라루시인들은 4.8%, 유태인들은 0.7%이다. 빌뉴스를 거점으로 문화활동을 영위한 민족들은 그 비중에서 많은 변화를 겪었지만, 아직도 이곳에서 '사이좋게' 살면서, 리투아니아가 겪었던 영화로웠으나 한편으론 비극적이었던 역사를 잘 보여 주고 있다.

# 정체성의 딜레마, 라트비아와 그 수도 리가

## 금수탉이 우는 도시 리가

라트비아는 발트3국 중 가운데 위치한 국가이다. 리투아니아와 에스토니아 사이에 은행잎 모양을 하고 자리 잡은 이 나라는 거꾸로 얹은 'ㄴ'자 모양 같이 생기기도 했다. 수도 리가Riga에서 다른 나라로 나가는 길은 리투아니아 제3의 도시 샤울레이로 이르는 길이 가장 짧은데, 이 길로 리투아니아 국경을 통과해서 리가에 도달하는 데 불과 한 시간 반 정도밖에 안 걸린다.

차를 임대해서 리투아니아에서 라트비아로 올라가는 사람이라면, 가는 길에 만나는 룬달레Rundāle와 바우스카Bauska를 꼭 들러보는 것이 좋다. 리투아니아의 샤울레이Šiauliai를 지나는 국도를 따라가다가 국경을 통과해서 30분 정도만 달리면 어김 없이 통과하는 도시인 룬달레는 한때 이 지역에 존재하던 쿠를 란드Courland 공국의 에른스트 요한 본 비론Ernst Johann von Biron 대공작의 궁전으로, 상트 페테르스부르그의 겨울궁전을 건축한 이태리 바로크의 거장 바르톨로메오 라스트렐리Bartolomeo Rastreli가 설계한 궁전으로 아주 유명하다. 요한 본 비론 대공작은 당시 러시아 여제인 이바노브나의 환심을 사 제정러시아 섭정황제의 자리까지 올랐던 사람이다.

파괴상태가 심했지만, 현재는 서유럽의 유명궁전들과 비교해 봐도 별 손색이 없을 정도로 복원이 진행되었다. 이태리의

룬달레 성

거장 프란체스코 마르티니Francesco martini 등이 참여해 만든 '황금의 방' '백실白室' 등의 장식과 그 화려함은 유럽 최고 수준이다. 룬달레에서 약 16km 떨어진 바우스카에는 한때 룬달레의 궁전보다 더 큰 규모였던 것으로 알려진 성곽이 성터만 남은 채 관광객들을 기다리고 있다.

물론 절경이나 어마어마한 규모의 볼거리가 있는 곳은 아니지만, 중세 시절 라트비아의 생활수준이 얼마나 높았는지 잘 이야기해주는 지역이다. 리투아니아에서 리가로 올라가는 길에 있는 이 도시들은 전부 젬갈레Zemgale라는 지역에 속해 있는 곳으로, 전체 라트비아에서도 가장 부유하고 호화로운 지역으로 손꼽힌다. 땅도 가장 비옥하고 그곳에 정착하여 살았던 귀족들이 남긴 흔적이 그 당시의 영화를 잘 일깨워주고 있다.

젬갈레를 완전히 벗어나 리가에 들어가면 리투아니아에서 보던 것과는 다른 도시 풍경이 펼쳐진다. 일단 바닷가에 접해 있기 때문에, 끼룩거리며 나는 갈매기들이 리가 하늘을 누비고 있고, 바로크 양식이 주를 이루고 있는 빌뉴스와 달리, 뾰족한 첨탑들로 아름다운 스카이라인을 만드는 청록색 고딕양식의 건물들이, 승용차로 불과 다섯 시간밖에 안 걸리는 옆 나라에 와 있다는 사실을 까맣게 잊게 만들어준다.

다른 것은 단지 그런 건물들만이 아니다. 리가는 한때 '동유럽의 파리' '구소련의 라스베가스' 등으로 불리며 유흥과 환락의 도시로 알려져 있었다. 중세시대 무역 동맹인 한자동맹의 거점 도시로, 상인들과 뱃사람들이 오가며 뿌린 돈으로 이 도시는 계속 발전을 이루어 갔다. 종교적이고 전반적으로 차분한 인상이 강한 빌뉴스와는 아주 다른 인상을 만든다고 할 수 있다.

그 잘사는 리가를 주위 나라의 사람들이 얼마나 부러워했는지 말해주는 증거가 리투아니아의 문학작품이나 민속음악에 좀 남아 있다. 요나스 빌류나스Jonas Biliūnas라는, 심리주의 소설로 유명한 리투아니아 작가는 리투아니아의 가난과 빈곤을 피하여 일거리를 찾아 리가로 떠나지만, 극심한 빈부격차와 그곳에서도 여전히 이어지는 무직의 고통으로 인해 스스로 목숨을 끊는 노동자의 이야기를 소설로 잘 묘사하기도 했다.

리투아니아에 남아 있는 여러 민요들 중에도 러시아와 폴란드의 학정을 피해 부유한 리가로 떠난 농민들의 이야기를 다룬 여러 민요들이 남아 내려오고 있다.

여보게, 자네 우리 할아비들이 어디로 갔는지 알고 있는가?
리가에 갔다네. 보드카 공장에 돈 벌러 말야.
여보게, 자네 우리 할망구들이 어디로 갔는지 알고 있는가?
리가에 갔다네. 담배공장에 돈 벌러 말야.

상업과 무역의 중심지로서 부귀영화의 도시로 알려진 리가의 구시가지 입구에 서 있는 '자유의 여신상'은 하늘로 높게 쳐든 손에 별 세 개를 들고 있다. 그 세 개의 별은 라트비아의 쿠르제메Kurzeme, 라트갈레Latgale, 비제메Vidzeme 세 지역을 상징하고 있다. 하지만 현재 라트비아의 지역은 공식적으로 네 개이다. 앞서 말한 젬갈레가 최근에 네 번째의 지방으로 분리되었지만, 아직 젬갈레를 위한 별은 등장하지 못했다.

그 화려했던 리가나 젬갈레 지역에 살았던 사람들은 정작 행복했을까? 그 지역에서 불리던 한 섞인 노래는 리투아니아 사람들이 부르던 그것들과 거의 차이가 없어 보인다.

> 형제들이여, 리가에 가세.
> 리가에 가면 살기가 좋다네.
> 그곳에 가면 개들도 금으로 되어 있고,
> 수탉도 전부 은으로 되어 있다네.

젬갈레는 엄연히 다른 지방으로 분리된 곳이고, 그렇다면 라트비아 사람들이 사는 곳일 텐데, 그 부와 영화를 라트비아 사람들이 누리지 못했다면, 대체 그 화려함과 부유함은 누가 누리고 살았다는 말인가.

**라트비아의 주인은 라트비아 사람들이 아니었다?**

우리나라에서 월드컵이 열리기 1년 전인 2001년은 라트비아의 수도 리가가 공식적으로 정도 800주년이 되는 해였다. 리가는 전쟁 같은 인공적인 피해는 비교적 적게 입었음에도 천둥이나 화재 등 자연재해에 의한 피해가 많아서 1200년대 초 중세시대에 지어진 상태 그대로 이어져 내려오는 건물은 많이 남아 있지 않다. 하지만 고딕양식이 주를 이루는 유럽건축양식의 진수를 보여주는 건물이 그 이후로도 많이 지어져 전 세계 관광객들을 매혹하고 있다.

유럽은 물론이고 전 세계를 통틀어서도 800년의 역사를 가진 도시는 그리 많이 찾아볼 수가 없을 것이다. 800년이 되었다는 사실만으로도 오래된 도시로서의 역량을 충분히 갖추었다고 말할 수 있겠지만, 라트비아에서는 그 리가의 역사가 '불과' 800년이 아니라 더 오래되었다고 말하는 사람들도 있다.

라트비아의 창문, 리가의 800년 역사의 시작은, 1201년 독일 브레멘의 대주교 알베르트(라트비아어로 Alberts)가 현재 리가

리가 구시가지 내 '리브인들의 광장'에서 열리는 크리스마스 시장

지역에 상륙하여 이 지역을 무역거점지역으로 건설하고 자신의 기사단을 발족하여 발전시키기 시작하던 때라고 하는 것이 통설이다.

그 당시에는 '라트비아'라는 국명의 나라는 유럽 어느 곳에도 존재하지 않았고, 고대 리투아니아처럼 지역에 따라 여러 나라들로 분할되어 존재하고 있었는데, 알베르트는 현재 라트비아와 에스토니아의 여러 지역들을 통합하여 '리보니아Livonija'라는 이름의 새로운 독일 영토를 건설하였다. 리가는, 에스토니아의 탈린과 함께 리보니아의 주요도시로서, 또 중세유럽의 무역도시 연맹이었던 한자동맹의 주역도시로서 맹주를 떨치기 시작하였다.

그 알베르트가 리가에 상륙했을 때, 리가에 사람이 아무도 살고 있지 않았다면, 리가의 역사가 800년이라는 말이 맞을 수도 있겠다. 그러나 라트비아는 독일인들만의 나라가 아니고 그 지역엔 이미 오래전부터 사람이 거주하고 있었으며, '리가'라는 이름의 도시도 이미 존재하고 있었다고 한다면 리가의 역사가 800년이라는 말은 설득력을 잃는다.

알베르트가 리가에 상륙한 1201년에는 리가 주변지역으로 리브인(라트비아어로 리비에시libieši)이라는 민족이 거주하고 있었다. 주로 어업과 목축업에 종사하던 이 리브인들 외에도 쿠르인, 라트갈레인 등의 민족이 지역별로 흩어져 살고 있었다. 다른 민족들과는 달리 리브인들은 현재 리투아니아인이나 라트비아인들 같은 발트인종이 아니라 핀란드인이나 에스토니아인과 혈통

이 비슷한 핀위구르족이었다.

리브인들이 거주했던 지역은 현재 에스토니아의 대부분 지역과 라트비아의 해안지역이었으므로, 당시 라트비아에서는 다른 발트인들에 비해 인구비율이 비교적 적은 편이었지만, 독일인들과 접촉이 많았던 해안지대에 거주했던 이유로, 알베르트는 그 지역을 전부 '리보니아', 즉 '리브인들이 사는 땅'으로 이름을 붙여버리고 만다.

리브인들은 독일인 진출 이후 독일인들과 동화되거나 다른 곳으로 이주해 정작 사라져 버리고 말지만, 리브인들과 많은 관련이 없는 라트비아인과 에스토니아 사람들이 살던 지역까지 그 '리브'인들의 이름을 따서 리보니아라 불리게 된다.

라트비아에 살고 있던 리브인들의 역사를 잘 보여주는 도시가 라트비아의 유명한 관광도시 시굴다라는 곳인데, 그들의 지역을 점령한 독일인들과 시굴다를 관통하는 가우야Gauja 강을 사이에 두고 자신들의 지역을 지키기 위해 많은 싸움을 벌인 곳이다.

시굴다 외에도 현지 발트인들과 그 무역거점지를 차지하기 위한 독일, 스웨덴, 폴란드, 러시아 등 외부침략자들과의 싸움은 끈질기게 이어진다. 독일인들은 리투아니아까지 그 리보니아나 프러시아의 일부로 편입시키고자 부단히 애를 썼지만 폴란드와 연합하여 군사대국을 만들었던 리투아니아를 함락하는 데는 끝내 성공하지 못했다.

사라져 버린 것으로 알려진 리브인들은 다행히 아직까지도 자신들이 리브인의 후손이라 주장하는 사람들에 의해 면면히 이어져 내려오고 있다. 리가에 가면 그 리브어로 발간되는 신문이 간행되어 나오고 있다. 물론 신문가판대에서 흔히 구할 수 있는 신문은 아니지만, 관심 있는 사람들은 충분히 구할 수 있는 신문으로 꾸준히 발간되고 있다. 그리고 라트비아 서부 해안에 살고 있는 리브인들의 젊은 후손들은 리브어와 민요를 습득하는 등 사라질 위기에 처한 전통을 살리고자 노력하고 있다.

그 후 리보니아는 독일, 리투아니아-폴란드 연합국, 스웨덴, 제정 러시아 등의 싸움터가 되면서 유럽의 주요 전쟁을 몸소 겪는 희생자가 되어버렸다. 리보니아를 누가 차지하느냐에 따라서, 라트비아 사람들은 하루아침에 독일에서 폴란드로 국적이 바뀌었다가 다시 스웨덴 사람이 되었고, 졸지에 러시아 사람이 되기도 했다. 국적이 어느 것이 되던 라트비아 현지인들이 누릴 수 있는 자유와 권리는 극도로 제한되어 있었다. 그들은 변함없이 외부로부터 들어온 지배자들의 농노로 살 수밖에 없었다. 그들은 주인의 의지에 따라, 다른 곳으로 팔려나갈 수도 있었고, 가축처럼 부릴 수도 있었고 심지어 죽일 수도 있었다. 제정 러시아가 마지막으로 라트비아를 차지한 후 19세기 중반 농노제도가 폐지되긴 했으나, 유럽의 다른 국가에서는 아름다운 문화를 꽃피우면서 발전을 이룰 동안 라트비아 사람들은 단지 생존을 위한 노력에만 온갖 힘을 기울여야 했다. 라트비아 역시 제1차 세계대전이 끝난 직후 역사상 최초로 그들이 주인이 된 독립국을 건설했다.

## 화려한 유산인가, 고통스런 흔적인가 – 리가의 구시가지

리가는 800주년 행사를 즈음하여 광장에 알베르트 대주교의 동상을 세우는 것에 대한 논쟁이 점화된 적이 있었다. 그러나 '리가를 정말 세운 사람이 알베르트가 맞느냐 아니냐' 하는 복잡한 문제와, 역사적인 차원에서 알베르트는 라트비아의 외세지배를 시작한 장본인이라는 평가로 인해 많은 논쟁이 벌어졌고, 마침내 그 자리에는 알베르트가 아닌 중세 시절 무역도시로서의 리가의 모습을 잘 보여주는, 중세 상인들의 수호신으로 추앙받는 롤란드 상이 세워졌다. 어쨌든 그 알베르트 대주교 덕분에 리가는 그 후로부터 리보니아 지역에 진출한 발트독일인들의 거점도시이자 무역과 상업의 중심지로 명성을 얻게 되며, '동유럽의 파리', 최근에는 '동부의 라스베가스' 등으로 불릴 정도로 발전을 누리게 된다.

리가의 화려한 역사를 잘 보여주는 것은 뭐니뭐니해도 리가의 구시가지(라트비아어로 베츠리가Vēcrīga)에 있는 '검은머리 전당 (Melngalvjunams)'이라는 건물이다. 라트비아 점령박물관 바로 옆에 있는 장식이 아주 화려한 건물인 이것은 중세시대의 무역인 모임 중의 하나인 '검은머리 길드'가 사용한 무역활동의 중심지였다.

이름이 '검은머리'인 이유는 그 길드의 수호신이 이집트의 흑인 성인 성 모리스(Saint Maurice)였기 때문이었다고 하는데, 14세기경엔 검은머리 길드 회원들이 건물을 임대하여 썼고, 그

검은머리 전당과 성 베드로 성당

후 그 건물을 구입하여 지금과 같은 장식이 화려한 건물로 둔 갑시켰으나 1948년 완전히 파괴되고 말았다. 2001년 현재 거의 완전히 복원되어 관광안내소, 콘서트홀 등으로 개방이 되었는데, 지하에 있는 '검은머리 길드'의 역사를 다룬 박물관에 가보면 그 당시 리가에 거점을 둔 무역활동의 범위가 얼마나 컸는지 알 수 있다.

역사상에는 라트비아, 엄밀히 말하자면 리보니아의 라트비아 영토에 살았던 발트독일인들이 17세기에 남아메리카의 토바고나 감비야까지 이르러 식민지를 건설한 기록이 남아 있다. 토바고에 있는 한 섬은 그곳에 식민지를 건설한 발트독일인 영주 '예캅스Jēkabs'의 이름을 딴 '예캅스섬'이라는 것이 있고, 예캅스의 출신지역이었던 쿠르제메의 이름을 따서 명명한 민족까지 있다고 한다.

그런 어마어마한 범위의 무역중심지로 발전한 리가는 당시 중세유럽의 건축양식인 고딕양식의 대표적인 도시로 유명하지만, 고딕양식 외에도 바로크양식이나 소련식 건물도 남아있는 재미있는 도시이다. 13세기 라트비아 건축양식을 비교적 그대로 가지고 있는 건물은 성 야고보 성당(라트비아어로 Svēta Jēkaba katedrāle)과 성 베드로 성당(Peter baznīca), 알베르트의 집무실로 건설되었다가 교회로 바뀐 유럽에서 가장 큰 오르간으로 유명한 돔 성당(Doma baznīca) 등이 있다. 돔 성당은 시대의 변천에 따라 여러 양식이 골고루 혼합된 것으로도 유명하다.

그 유독 긴 첨탑으로 리가의 스카이라인을 장식하는 성베드로교회 뒤편으로는, 그림 형제의 동화로 유명한 '브레멘의 악사'에 등장하는 네 마리의 동물 말, 개, 고양이, 닭의 동상이 있다. 리가에서 그 동상을 보는 사람들은 이 도시에 왜 이런 동물들의 동상이 남아 있는지 의아해하겠지만, 이 리가를 건설한 알베르트가 브레멘의 대주교였다는 사실을 이해하고 나면 궁금증이 풀릴 것이다. 리가에 최초로 상륙해서 리보니아 건설에 주역을 담당한 알베르트 대주교가 브레멘 출신이라는 것 때문에 리가와 브레멘의 관계는 자연적으로 돈독해질 수밖에 없었고, 이에 알베르트 주교를 기념하기 위해서 브레멘 시가 기증한 동상이 바로 브레멘의 음악대 동상이다.

리가의 현재 인구는 약 70만 명이다. 우리나라 중소도시 수

준에 불과한 것 같지만, 라트비아 전체 인구가 250만 명 정도라는 사실을 참작하면 전 인구의 3분의 1정도가 이곳에 거주하는 셈이다. 아름답고 찬란한 역사의 이 도시를, 라트비아인들은 '라트비아의 창문'이라고 부른다. 이 창문을 열고 깊숙이 들어가서 만나는 라트비아의 모습은, 역시 복잡하고 어지럽다.

라트비아인들을 농노로 부리면서 부와 자유를 누리던 침략자들이 만들어놓은 건물들이 현재 라트비아인들이 돈을 벌 수 있게 해주는 중요한 수단이 되었다는 것이 참으로 아이러니하다. 하지만 그 누구도 역사의 아픔을 그 아름다운 건물들 위에 들이붓는 이들은 없다. 리가는 압제의 흔적이 아니라, 유럽의 문화를 이끌어간 강대국들이 남기고 간 다양한 양식이 조화를 이룬 벽 없는 건축의 박물관이 되었기 때문이다.

# 유럽에 남아 있는 우리의 먼 친척, 에스토니아

## 거인이 만든 거대한 무덤 – 에스토니아의 탈린

앞에서도 한 번 언급한 적이 있지만, 에스토니아 민족은 인종적으로 볼 때 이웃나라인 리투아니아, 라트비아인들과는 거리가 먼 핀위구르족에 속한다. 물론 수백 년의 세월을 지내면서 외형적인 차이점은 거의 사라져 버렸지만, 계통적으로 볼 때 그들은 주변 국가보다 차라리 우리나라 사람들과 비슷하다고 볼 수 있다. 그들이 사용하고 있는 언어의 기원을 따라 가다보면 우리가 속해 있는 우랄알타이어와 만난다. 그래서 에스토니아어에는 인도유럽어족에서는 잘 볼 수 없는 조사의 사용이 눈에 많이 띄며, 심지어 한국어와 비슷한 단어도 심심치 않게 찾아

볼 수 있다. 어쩌면 수천 년 전 우리와 에스토니아는 이웃에 살던 민족이 아니었을까? 그렇다면 그들은 어떻게 이곳까지 오게된 것일까? 그 이유는 아마 신만이 대답해 줄 수 있을 것이다.

그렇게 우리의 먼 친척 같은 민족이 살고 있는 에스토니아의 수도 '탈린Tallinn'의 뜻은 '덴마크인의 도시'이다.

에스토니아 역시 다른 발트3국처럼 기독교화가 늦게 진행되었고, 자신들의 신앙에 바탕을 둔 다신교 신앙을 가지고 있었다. 그러나 12세기 독일인들이 에스토니아를 점령하여 기독교를 전파하기 시작한 이전에도 이미 에스토니아인들이 직접 세운 교회가 존재해 있었다고 한다.

그 이야기는 에스토니아에도 일찍부터 기독교가 전파되어 있었다는 것을 말한다. 독일인이 진출하면서 에스토니아에 전파하기 시작한 정치적 권력으로서의 기독교는 리투아니아나 라트비아에서와 마찬가지로 오히려 극렬한 반대를 불러일으켰다.

본격적인 독일인들의 선교활동은 독일 브레멘의 대주교 알베르트 공이 현재 리가에 진출하고 난 후라고 할 수 있다. 1208년부터, 이 지역을 기독교화하려는 독일뿐 아니라 러시아, 스웨덴 사이에서 발트연안을 차지하려는 경쟁이 강렬해지자 브레멘의 알베르트 공은 덴마크의 왕 발데마르와 손을 잡고 연합을 구성하였고, 1219년 발데마르는 현재 탈린 자리에 도시 건설을 시작했다. 그러나 탈린 주민들의 반발도 만만치 않아서 발데마르는 거의 철수해야 하는 상황에까지 이르게 되었다.

전설에 의하면 발데마르가 철수를 결정하고 덴마크로 돌아가려 하고 있을 때, 하늘로부터 하얀 십자가가 가운데 있는 빨간 깃발이 내려와 발데마르의 손에 떨어졌고, 그것을 신의 뜻으로 여긴 발데마르는 용기를 얻어 마침내 탈린을 공략하게 되었다고 한다.

탈린의 고즈넉한 거리

현재 덴마크의 국기가 당시 발데마르 손에 쥐어진 그 깃발이라고 한다. 처음 들어와 정착하고 있던 사람이 누구이건 간에 그런 사연으로 탈린은 정말 '덴마크인의 도시'가 되었고, 1346년 덴마크가 탈린을 리보니아에 은 약 4.5톤에 팔아 버릴 때까지 덴마크왕의 손에서 역사를 이어나갔다.

역사상으로 남아 있는 기록으로는 그렇지만, 민속과 설화상으로 남아 있는 '야사'를 보면 좀 다른 이야기가 적혀 있음을 보게 된다. 프리드리히 크로이츠발드Friedrich R. Kreutzwald라는 사람이 있다. 그는 핀란드와 에스토니아에 구전되는 전설과 민담을 바탕으로 에스토니아의 건국서사시 '칼렙의 아들Kalevipoeg'을 저술한 사람이다.

그의 작품 '칼렙의 아들'은 핀란드의 역사 서사시 '칼레발라

*Kalevala*'의 영향을 받은 작품인데, '칼레발라'란 핀란드 전역에서 불리던 조국의 기원과 조상들의 업적에 관한 50여 편의 민요를 엮은 작품으로, 1835년과 1849년 두 차례에 걸쳐 핀란드의 시인 엘리아스 뢴로트Elias Lönnrot가 수집 정리한, 핀란드 문학의 기념비 같은 작품이다.

호머가 쓴 '일리아스', '오디세이아'와 같은 시절에 관한 이야기로, 핀란드의 영토가 어떻게 완성되었는지 농업과 수공업이 어떻게 시작하였는지를 노래하는, 말하자면 핀란드의 창세기와 같은 작품이라고 할 수 있다.

크로이츠발트의 '칼렙의 아들'은 그 칼레발라의 구성을 많이 인용하였지만, 역시 에스토니아 전역에서 불리던 민요들을 정리하여 편찬한 책으로, 핀계 민족의 후손으로서의 공통적인 이

탈린 구시가지

상을 표현하는 에스토니아의 '일리아스', '오디세이아'로 불린다. 마법과 신들의 이야기로 가득 찬 이 이야기는 1861년 완간되어 19세기 에스토니아를 온통 자유의 정신으로 들끓게 했다.

'칼렙의 아들'에는 탈린의 전설을 이렇게 그리고 있다. 에스토니아를

건설한 거인 칼렙의 아내 린다는 남편이 죽자 그의 무덤을 표시해 두기 위해서, 무거운 돌을 산 위로 가지고 가려 했으나, 돌이 갑자기 너무 무거워져 그 돌을 바닷가 근처에 떨어뜨려 버리고 말았다.

그 돌이 떨어진 자리는 현재 에스토니아의 국회가 자리 잡은 톰페아Toompea언덕이 되었고, 돌을 떨어뜨린 린다는 슬픔이 북받쳐 그만 주저앉아 엉엉 울고 말았는데, 그 눈물이 고여 흘러흘러 윌레미스테Ülemiste란 호수가 되어버렸다. 윌레미스테 호수는 실제로 탈린 공항 바로 앞에 위치해 있고 탈린 시민들의 식수원이 되고 있다. 이 신화에는 덴마크인들이 어디에도 등장하지 않는다.

## 번영하는 탈린, 그와 동시에 이어지는 압박의 역사

덴마크인들과 독일인들의 진출은 700년 동안 지속된 외정의 서막에 불과하다. 에스토니아는 라트비아와 함께 독일인들의 건설한 리보니아의 한 부분으로 존속하게 되는데, 리보니아 초기 외국인들의 폭정에 한계를 느낀 에스토니아인들은 1346년 4월 23일 반란을 일으켰다.

이 반란은 몇 달 후 서부와 섬 지역까지 파급되었고, 리보니아 기사단이 이 반란을 진압하는 데 2년이 넘게 걸렸다고 기록되어 있다.

끝내 그 반란은 실패로 끝나고, 리보니아와 주교구의 폭정은 더 심해졌다. 1500년대 중반 탈린, 타르투Tartu, 빌랸디Viljandi, 패르누Pärnu 등의 도시는 한자무역도시의 일원으로 번영을 이루고, 한자무역도시로서 많은 특혜를 받았다. 그러나 그것은 에스토니아를 지배하던 독일 상인의 이야기였지, 대다수의 에스토니아인들은 그들의 착취를 받는 농노로서만 존재했다. 정말 그들은 독일인 주인에 의해서 다른 곳으로 팔려나갈 수도 있었다. 에스토니아어로 독일은 삭사Saksa라고 불리는데, 그 단어는 '주인님'이란 의미도 가지고 있다.

1558년부터 1626년까지 진행된 러시아, 리보니아, 리투아니아-폴란드 연합국, 스웨덴, 덴마크 등이 참가한 전쟁으로 인하여 라트비아와 에스토니아 전 국토가 전쟁터로 변하고 말았다. 폴란드와 스웨덴은 러시아를 리보니아에서 몰아내고, 폴란드는 에스토니아 남부를 스웨덴은 북부를 차지함으로 전쟁은 일단락되지만 전쟁이 끝난 후, 이어진 기근과 질병으로 많은 사람이 목숨을 잃었다. 북부를 차지한 스웨덴은 에스토니아인들을 개신교로 개종하기 위하여 노력을 기울이고, 에스토니아 문화에도 힘을 기울여 1632년에는 당시 스웨덴 왕이었던 구스타프 아놀드 2세(Gustavus II Adolphus)의 칙령으로 에스토니아 제2의 도시 타르투에 대학이 설립되고 성경 번역을 지원하는 등 에스토니아 문화 발전에도 적잖은 이바지를 하게 되었다. 또한 타르투에 설립된 대학에서는 대對에스토니아 정책의 꽃을 피우게 된다.

에스토니아는 그후로도 독일과 러시아 등의 강대국 사이에서 주도권을 빼앗긴 채 제1차 세계대전까지 이르게 되고, 제2차 세계대전 후 소련의 공화국으로서 1991년 이후 독립을 할 때까지 세계사의 기억에서 잊혀진 채 존재해 왔다.

이런 식으로 탈린을 휩쓸고 지나간 북유럽, 동유럽, 러시아 문화는 다양한 흔적을 남겨 놓았다. 양파모양을 한 러시아 정교회부터 시작해서 뾰족뾰족 탈린의 하늘을 찌르고 있는 고딕 양식의 교회와 바로크식 건물들이 한자리에 존재하여, 주변국가와 비교해서도 상당히 독특한 인상을 심어주고 있다.

탈린 구시가지 한가운데 자리 잡은 구시청사 건물은 현존하는 유일한 북유럽 스타일의 고딕양식 건물로 무려 600년 이상 그 자리를 지켜왔다. 베이지색와 오렌지색이 아름답게 조화를 이룬 세 자매 건물은 현재 하룻밤 숙박비용이 수십만 원에 육박하는 호화호텔로 둔갑해 있지만, 15세기 중세 주거지역의 모습을 그대로 보여주는 훌륭한 보고이다. 구시가지를 둘러싸고 있는 육중한 성벽들을 산책하다 보면 수백 년간 탈린이 지켜온 역사를 그대로 느낄 수 있고, 여기저기 나 있는 자갈길들을 걷다보면 수백 년 전, 짐을 가지고 들어오

탈린 구시청사

던 독일 무역상들의 마차소리가 나는 듯 하다.

탈린은 한번 가보면 정말 인상에 많이 남는 도시이다. 그리고 한반도를 떠나 땅끝 같은 에스토니아에까지 밀려나와 정착해 살고 있는 한국인의 핏줄들이 있다는 사실을 알게 된다면, 정말 에스토니아에 남아 있다는 우리 먼 친척의 이야기가 단지 귓가에 울리는 메아리 같지만은 않다는 것을 알 수 있을 것이다.

## 이 땅에도 우리의 핏줄이 살고 있었네

이미 철 지난 이야기지만, 몇 년 전 한국계 미국인 전 미식축구 선수 하인스 워드가 한국에 온 이후 해외에 살고 있는 한국인들과 혼혈인들에 대한 관심이 한껏 높아졌다. 하인스 워드가 미식축구경기 이후 태극기를 휘날린 것도 아니었지만, 외국 무대에서 한민족의 후손이 명성을 높인다는 이유만으로도 한국 내에서 충분히 뉴스거리가 되고 남았다. 그러나 한국민들이 외국에 거주하는 한인들을 보는 시각은 미주에 국한되어있는 경우가 대부분이라는 느낌이 들어 안타깝다.

세계 어느 곳이든 한민족이 모여 사는 곳이면 어디에서나 하인스 워드와 견줄 만한 훌륭한 위인들을 만날 수 있다. 구소련에 살고 있는 고려인들의 경우도 다를 바 없다. 러시아에서 머라이어 캐리와 같은 인기를 구가하고 있는 한국인 3세 가수인 아니타 최는 그래도 많이 알려져 있는 편이다. 리투아니아에서 가장 촉망받는 여류 감독 중 하나로 명성을 날리고 있는 고려인 울랴나 김도 있고, 고려인은 아니지만 한국에서 유명한 어느 여성음악감독 어머니의 고향도 리투아니아인 것으로 알려져 한국과 리투아니아 간 감정적 거리는 더 좁혀진 것 같다.

구소련과 동유럽에 거주하고 있는 고려인들은, 어딜 가서 무얼 하든 한민족임을 자랑스럽게 생각하고 한국문화 전파와 발전에 많은 힘을 기울이고 있지만, 정작 한국에서는 별다른 관심을 끌지 못하고 있는 경우가 많다.

그러한 고려인들의 삶은 여기 에스토니아에서도 찾아볼 수 있다. 에스토니아에 여행을 간 사람들이 자주 놀라는 것 중 하나는 의외로 한국식당이 많다는 것이다. 수도 탈린에만 자그마치 7개의 한국식당이 영업 중이다. 에스토니아에 있는 정식 한국국적 교민은 단 6명뿐이고, 일본 식당이 4개에 불과하다는 사실을 염두에 두면 놀랄 만한 수치가 아닐 수 없다.

게다가 수도 탈린만이 아니라 인구가 수만 명에 불과한 시골도시인 발가Valga, 엘바Elva나 공업도시인 코흐틀라-예르베Kohtla-Järve 등 아직 중국식당조차 진출하지 못한 곳에 한국식당이 자랑스럽게 영업을 하고 있고, 작은 시골마을에 가도 골목 어귀에서 한국식당 간판을 발견할 정도이다.

이 식당들은 전부 카자흐스탄, 우즈베키스탄 등에서 이주한 고려인들이 운영하고 있는 식당이다. 한때 탈린에서 가장 잘 알려진 한국식당은 시내 한가운데 위치한 '서울식당'이었다. 카자흐에서 이주해서 식당운영을 맡고 있는 류드밀라 김은 한국

탈린에서 한국식당을 운영하던 류드밀라와 그녀의 조카 잔라

어를 거의 구사하지 못한다. 그녀는 현재 에스토니아 고려인연합회 회장을 맡고 있는 리디아 클바르트와 친척관계로, 그녀의 도움을 받아 에스토니아에 정착을 시작했고 현재 5명의 자녀는 전부 러시아, 미국 등에 이주해서 살고 있다.

주방에서는 역시 카자흐스탄 출신의 고려인들이 일을 했는데, 내 기억에 주방 아주머니는 그래도 한국어를 조금 구사하는 편으로 한국에서 손님들이 오면 주방 일을 마다않고 식당에 나와 손님들과 만나 이야기하는 것을 낙으로 삼는 수더분한 아주머니이다.

그러나 에스토니아를 여행하는 나그네들이, 이 식당에서 김치찌개와 육개장, 삼겹살 등 고향 음식으로 배를 채우고 여행에 필요한 힘을 축적하고자 기대하기엔 다소 무리가 있었다. 식당에서 내놓는 음식들이, 한국음식이라고 말하기조차 곤란한, 러시아 현지음식과 중앙아시아에서 고려인들이 즐겨 먹는 음식

이어서 정작 우리 한국인들의 입맛에 잘 맞지 않기 때문이다.

서울식당이 탈린 중심가에 위치한 이점으로 비교적 성공을 거뒀다면, 관광객들의 동선과는 거리가 먼 아파트단지 한복판에 자리를 마련하여 장사를 하는 식당도 있었다. 몇 년 전까지만 해도 탈린 서쪽 한 아파트단지에는 '돈체르Dontser'라고 하는 희한한 이름의 식당을 찾아볼 수 있었다. 간판에 서툰 한글로 '한국식단'이라고 쓰여 있어 한국식당인 것은 분명한데 식당 이름은 도무지 무슨 말인지 알 수 없었다.

돈체르 식당의 주인은 아리나 한이라고 하는 고려인으로 한국어를 곧잘 구사하지만, 연해주나 간도에서 사용하던 고려인 1세들의 말투가 여전히 역력했다. 역시 카자흐스탄 출신의 고려인인 아리나 아주머니는 1980년대 말 에스토니아에 러시아어 '훈장질'을 하러 온 것을 계기로 탈린에 남아서 '임식점' 즉 식당을 열게 되었다고 했는데, 가끔씩 튀어나오는 예상치 못한 옛날 단어와 표현 때문에 이야기가 더욱 화기애애했던 기억이 난다.

남편은 역시 고려인으로 에스토니아에서 '의사질'을 하다가 얼마 전 정년퇴임했고, 38세인 아들은 상트페테르부르크에서 사업을, 35살 딸은 밀라노에서 모델 일을 하다가 이탈리아 사람과 결혼하여 현재 스위스에서 살고 있다.

'돈체르'라는 식당 이름은 바로 아들 이름인 '동철'에서 따왔다. 강철처럼 튼튼하게 자라라고 붙인 이름이란다. 에스토니아에서 최초로 정착한 한인 중 하나인 아리나 아주머니는 이미

2006년 취재 중 만난 돈체르 식당의 아리나 아주머니와 종업원들

탈린에서만 한국식당을 네 개나 열었다. 음식은 카자스흐탄에서 시어머니로부터 배웠다.

또 한 동네에 가면 아파트 한 구석에 '천만에요'라는 한글로 손님을 맞는 '안뇐'이라는 식당이 있다. 상호인 '안뇐'은 우리나라 인사 '안녕'을 그냥 에스토니아식으로 소리 나는 대로 적은 것이다. 그리고 그 옆에 '고려겨례음식'이라고 하는 글귀가 선명하다.

이곳 식당을 운영하는 콘스탄틴 강 아저씨는 우즈베키스탄의 군인 출신으로, 퇴역한 후 에스토니아에 남아서 식당을 열었다. 주로 함경도나 평안도 말투가 두드러지는 고려인들의 한국어와는 좀 다르게 '시방' '어드메'라는 전라도 사투리를 간간히 사용하며 많이 어눌하지만 아직도 한국어를 잊지 않고 있었다.

주방에서 일을 도맡아 하는 이라나 아주머니는 그의 부인으로 아저씨보다 한국어 구사력이 좀 낫지만, 한국어로만 대화를 진행하면 말이 막히는 일이 많다. 한국 땅을 한 번도 밟아보지 못한 콘스탄틴 아저씨는 손자에게 '철학'이라는 한국식 이름을 붙여주었다.

하지만 2013년 다시 찾아가보니, 서울식당은 문을 닫았고 다른 식당 역시 문을 닫거나 다른 곳으로 이전해서 새로 문을 연 상태다. 그리고 몇 년 사이에 한국인이 운영하는 한국식당도 탈린 시내에 문을 열었다.

## 그들은 어떻게 여기까지 오게 되었을까

현재 에스토니아에는 전체 200명 정도의 고려인과 그 후손들이 살고 있고, 수도 탈린에는 약 50명 정도가 살고 있으나, 다른 민족과 피가 섞이지 않은 순수 고려인은 5분의 1 수준이다. 이곳에 이주한 이들은 1937년 스탈린의 강제 이주 정책으로 연해주나 간도 지역에서 카자흐스탄이나 우즈베키스탄으로 강제 이주된 고려인들의 후손들로 거의 친인척관계와 현지인들과의 결혼으로 연결되어 에스토니아에서의 삶을 시작했다.

에스토니아에 최초로 발을 디딘 한국인에 관한 자료는 아직 나온 것이 없지만, 현재 에스토니아 고려인 중 가장 나이가 많은 사람은 1925년생인 로날드 페트로비치 최 옹이다.

현재 에스토니아 고려인연합회 회장을 맡고 있는 리디아 클바르트는 에스토니아 내 소수민족연합의 회장도 같이 맡고 있어, 에스토니아에서 고려인들의 위치를 잘 말해주고 있다.

어렵게 한인들을 만나 인터뷰를 하면서 뭐라도 어려운 점은 없냐고 물어보았지만, 하나같이 별로 사는 데 어려움이 없다고 웃으며 손사래를 쳤다. 이곳은 러시아처럼 인종차별이나 인종간 폭력사태가 거의 없고, 사람들은 비교적 성공해서 자리를 잘 잡았다. 그러나 에스토니아 같은 구소련에서 독립한 국가들에서 비시민들이 맞닥뜨리고 있는 여러 가지 문제들은 고려인들이라고 역시 피해갈 수 없다.

가장 중요한 것이 바로 시민권 문제다. 에스토니아 독립 이전에 이주한 사람들은 독립 직후 에스토니아 시민이 되겠다는 각서에 서명한 후 비교적 용이하게 시민권을 얻었지만, 그 후에 이주를 해 온 경우 강화된 이민법 규정으로 시민권을 따기가 쉽지 않았다. 영주권을 얻은 경우는 많지만, 정작 외국인으로 분류되어 있기 때문에 선거에 참여하지 못하고 외국여행이 자유롭지 못하는 등 불이익이 많다.

젊은 사람들 중에는 에스토니아어를 구사하는 경우가 많으나, 나이 든 층에서는 에스토니아어를 구사하는 사람을 찾기 힘들다. 시민권을 얻기 위해서 에스토니아어 시험을 통과해야 하는데 나이가 지긋한 사람들이 에스토니아어 같은 어려운 말을 배우는 것이 쉽지 않고, 시간을 내기도 어렵다. 게다가 카자흐스탄의 경우 본국 국적을 포기하는 것을 거의 국가에 대한 배반 정도로 치부하기 때문에 카자흐스탄 출신의 고려인들은 특별히 더 어려운 상황에 직면해 있다. 그리고 고려인들 역시 에스토니아 국적을 갖지 못한 러시아계 외국인들과 결혼하는 것이 일반적이라 그런 법적인 불이익은 아이들에게까지 넘어가고 있다.

게다가 한국어 공부를 하고 싶어도, 한국어를 배울 수 있는 여건이 좋지 않다. 에스토니아의 몇 군데 대학교에서 한국어 강의를 하고 있기는 하지만, 시간을 내서 배우는 것도 어렵고, 이곳의 대학 강의는 거의 전부 에스토니아어로 진행되기 때문에 에스토니아어를 자유자재로 구사하지 못하는 고려인들은 엄두를 내기조차 어렵다.

소련의 붕괴와 독립이라는 격동의 세월을 온몸으로 부딪치며 외지에서 정착해야만 했던 그들의 애환과 고통은 이루 말할 수 없었음이 분명하지만, 지금 그들이 사는 모습에선 그런 흔적을 많이 엿볼 수 없다. 다들 고려인 중에는 가난하게 사는 사람도 없고, 에스토니아의 사람들과의 관계 또한 좋아서 다들 별 어려움 없이 살고 있다면서 함박웃음을 짓기만 한다.

인터뷰에서 만났던 리디아 클바르트 여사는 2014년에 세상을 떠났다, 그리고 그의 아들 미하일 클바르트는 현재 탈린 부시장으로서 에스토니아 정치 활동에도 참여하고 있다.

# 노래하는 혁명 – 민요와 세계노래대전

    지금까지 보아온 것처럼 우리가 일반적으로 발트3국이라 뭉 뚱그려 말하는 리투아니아, 라트비아, 에스토니아 세 나라는 언 어적, 문화적, 역사적으로 하나로 통일할 만한 뚜렷한 근거가 없다. 물론 소련의 일부가 되었다는 사실이 그들을 연결할 수 있는 이유가 될 수 있겠지만, 1991년 소련에서 독립한 이후 독 립국가연합과의 관계를 과감히 끊고 유럽연합 가입에 총력을 기울였다는 사실을 본다면, 그것은 단지 그들이 기억하기 싫은 안 좋은 추억에 가까운 것 같다.

    그런 가운데 그들을 하나로 묶을 만한 것을 찾아본다면, 바 로 민요를 들 수 있다. 지구상 어느 나라이건 자신들의 사상과 전통이 담긴 민요가 없는 경우가 없을 것이고, 게다가 발트연안 국가들 역시 문화적 배경과 언어가 다르므로 민요의 멜로디나 내용이 동일할 수는 없다. 하지만 발트인들의 경우, 자신들의 민요에 대한 관심과 애정이 정말 특별하다. 여기서 말하고자 하는 것은, 수백 년간 그들의 심정과 정서를 담아 전해온 민요를 보전 발전하려는 관심과 애정의 정도이다.

일단 세 나라 음악은 분위기가 상당히 흡사하다. 화려한 치장과 변화가 확실히 적다. 단조 분위기의 단순한 멜로디가 곡이 끝날 때까지 반복되는 형태를 가지고 있는데, 외국인의 귀로는 지극히 단순하고 재미가 없는 노래들이 대부분이라고 할 수도 있다.

그런 단조로운 형태의 리투아니아 민요에 대해서 리투아니아의 한 민속학자는 다음과 같은 이야기를 들려준다.

리투아니아 음악에 익숙하지 못한 외국인의 귀에는 지극히 단조로운 멜로디만 들린다. 그 리듬이 정형화되어 있고 변화가 없이 흐르기 때문인데, 이것은 리투아니아 민속음악의 가장 중요한 요소이다. 이 단조로운 멜로디는 넓고 풍족한 리듬으로, 오래 듣고 있으면 그 깊고 신비한 구조를 느낄수 있다. 이 멜로디는 수없이 반복되며 마침내 듣는 사람의귀에 깊게 가라앉아 그 속에서 지배하기 시작한다.

발트 민족의 민요는, 끝없이 이어지는 평야와 들판의 모습과아주 닮았다. 산과 계곡이 없어 변화 없이 이어지는 그 들판의 모습이 그 안에서 역사를 일구어 살고 있는 사람들의 노래에서 잘 투영되어 있는 것이라고 말할 수 있다.

일단 누군가가 발트3국의 민속음악 음반을 가지고 와서 집에서 틀면 열 중 아홉은 뭔 음악이 저렇게 재미가 없어 하고 혀를 내두르겠지마는, 리투아니아나 라트비아, 에스토니아의 그 드넓은 평야를 달리면서, 아니면 농부들이 일을 하는 광경이나 딸의 결혼을 준비하면서 머리를 빗어주는 어머니의 심정 등을 떠올리면서 노래를 듣는다면 그 감정은 정말 남다를 것이다.

멜로디 면으로는 상당히 비슷하게 들릴지 모르지만, 내용 면으로 들어가면 이야기가 다 다르다. 우선 3국 공통적으로 나타나는 내용으로는 힘들고 고된 농민의 삶, 여성의 한, 고향의 그리움 등이 있다.

아, 해님, 우리 어머니
왜 그리 일찍 떠오르셨나요?

오, 가엾은 우리 딸
내가 그리도 일찍 솟아올랐건만

내가 그리도 일찍 솟아올랐건만
벌써 네가 들판에 있는 것을 보는구나.

아, 해님, 우리 어머니

왜 이리 늦게 지시는가요?

오, 가엾은 우리 딸,
내가 이리도 늦게 지건만

내가 이리도 늦게 지건만
아직도 너를 들판에 두고 가는구나.

이 민요는 리투아니아에서 수집된 민요이다. 리투아니아 농
민들이 짊어져야 할 고된 노동과 슬픈 현실, 그리고 거기에서
파생된 감정을, 항상 주변에서 자기를 지켜봐 주는 태양에 이입
시킨 노래이다. 이런 식으로 각자의 인생의 어려움을 한이 섞인
멜로디로 노래하는 특징이 있으므로, 어찌 보면 발트3국의 문
화에는 한국인의 '한' 비슷한 것이 존재한다고 느낄 수도 있다.

그러나 각국의 지리적인 입지조건, 역사적 조건, 주변 이웃
국가들과의 영향 때문에 다양한 차이점을 보이는 것들이 있다.
자신의 감정과 한을 표출하는 것은 전반적으로 비슷하지만, 라
트비아의 경우 사계절이나 세시풍속과 연관된 민요가 리투아
니아보다 비교적 많다는 연구결과가 있다. 에스토니아의 경우,
역사적 사건이나 전설을 노래하는 웅대한 역사서사시가 민요
로서 전수되어 오는 경우도 있다. 앞에서 거론한 바 있는 '칼렙
의 아들'이 그 입에서 입으로 전해 내려오는 민요를 수집하여
정리한 대표적인 예이다.

라트비아에도 십자군의 침략에 맞서 싸우는 영웅의 이야기인 '라츠플레시스*Lāčplēsis*'라는 작품이 있으며 이 역시 라트비아의 민요에 바탕을 두고 정리된 작품이다. 라츠플레시스는 라트비아어로 '곰을 찢는 사나이'라는 의미로, 곰의 턱을 잡아 찢어 죽이는 거대한 힘을 가진 영웅을 말한다. 그의 어머니는 곰이었던 것으로 알려져 있고, 어머니를 닮아 그는 곰의 귀를 가지고 있었으며, 그 귀는 삼손의 머리카락처럼 그의 힘의 원천이었다. 그는 독일인들이 라트비아를 착취하기 시작할 무렵 이 땅에 나타나 독일기사단들과 대결을 벌이지만, 라츠플레시스의 비밀을 알아차린 '검은 기사'라는 전사가 그의 귀를 잘라버리자 영웅은 최후를 맞이한다. 영계靈界와 지상을 아우르는 장대한 플롯과 라트비아 신앙의 신들이 등장하는 이 작품은 라트비아 사람들에게 민족의식을 북돋아주는 매개체가 되어주었다.

하지만 이런 민요들은 무엇보다 수백 년 동안 이어진 외부민족의 부당한 지배에 항거하며 자신의 슬픈 감정을 예술로 승화시키는 효과를 가지고 왔다. 여기서 가장 중요한 것은 리투아니아의 민요는 단순히 자신의 감정을 표현하고 현실에 안주하고 만족감을 느끼기 위해 사용된 수동적 도구가 아니었다는 사실이다. 리투아니아 민요를 접한 독일의 학자 휩커가 표현한 다음의 찬사는 발트 민족의 민요가 가진 효과가 얼마나 엄청난 것이었는지 이해할 수 있게 해준다.

이 민족이 내게 관심을 끄는 것은 그런 어려운 조건에 처해 있었음에도 아주 놀라울 정도로 영혼의 평안을 누리고 있다는 것이다. 역사를 살펴보면 이 민족이 겪어야했던 고난은 보통 사람들의 정신을 무디게 하거나, 자민족 숭상주의, 잔인함, 도발적인 행동, 교활함, 지배자들에 대한 반감 등을 양산하기가 쉬우나, 리투아니아에서는 아주 특이한 현상을 엿볼 수 있다. 이 민족은 즐겁게 노래를 부르는 것이다. 이것은 언제나 선과 아름다움을 노래하는 데 사용되기 때문에, 심지어 한탄을 노래하는 가운데서도 분노나 그 출혈로 변화하는 일은 전혀 없다.

리투아니아의 역사는 유럽의 전쟁사와 맞아떨어지며, 근현대사는 소련이라는 거대제국에 맞서 싸운 투쟁과 승리의 역사이다. 이 전쟁은 전부 테러나 폭력사태 없이 평온하고 평화롭게 진행이 되었다. 리투아니아를 비롯한 다른 발트 민족들은 일명 '노래하는 혁명'을 통해서 독립을 이루었으며, 그것은 세계사에 명백한 발자국을 남긴 냉전 체제의 종식을 고하는 신호탄과도 같았다. 이런 평화로운 역사가 가능했던 것은, 힙커가 말했던 것처럼 리투아니아인들은 비극을 아름다움으로 바꿀 수 있는 능력이 있었기 때문이며, 거기에는 이 민요의 기여가 크다. 한국의 한 서린 민요 역시, 자신의 감정을 표현할 창구가 극히 제한적이었던 민중들이 지배층을 조소하고 풍자하고자 하는 욕구를 충족하는 도구가 되어주었다. 민중들은 민요를 통해서 감정을 정화하고 슬픈 감정을 아름다움으로 승화시키는 방법을 배운 것이다.

## 민족의식고취의 장이 되어준 세계노래대전

세계에 알려진 가장 발트3국다운 행사 중에 '세계노래대전'이라는 것이 있다. 리투아니아와 라트비아에서는 4년, 에스토니아에서는 5년마다 열리는 이 어마어마한 행사는 전 세계에 살고 있는 해외동포와 모든 지방의 사람들이 각국의 수도로 모여 일주일간 노래의 향연을 벌이는 잔치이다.

리투아니아어로는 다이누 슈벤테(dainų šventė), 라트비아어로 지에스무스베트키(Dziesmusvētki), 에스토니아어로 라울루피두(laulupidu)라고 불리는 세계노래대전은 맨 처음 에스토니아에서 시작하였다. 1869년 타르투에서 시작되어 5년마다 전 에스토니아와 해외에 살고 있는 에스토니아 후손들이 모여 민요와 현대의 합창곡을 부르며 화합을 다지는 행사인데, 마지막 피날레 합창단의 수는 수만 명에 이른다.

이 축제가 시작한 때는 에스토니아 민족의 각성운동이 막 시작한 때이기도 했지만, 소련 시대에는 그들의 연대감과 정체성을 확인할 수 있는 유일한 기회로, 막대한 중요성을 가지고 내려왔다.

이 축제는 발트3국 전역으로 전파되어 리투아니아, 라트비아, 에스토니아 전 지역에서 열리고 있다. 소련의 압박이 심할 당시에도 발트인들은 폭력이나 무기를 사용하지 않고, 이런 노래로 대응했기 때문에, 그들의 혁명은 '노래하는 혁명'이라고 불리기도 한다.

1998년 리투아니아에서 열린 세계노래대전에서부터 2007년 라트비아 세계노래대전, 2009년 에스토니아 세계노래대전까지 지금까지 내가 보아왔던 축제의 규모는 정말 엄청난 것이었다. 북남미와 전 유럽에서 몰려온 리투아니아 교민들과 전 리투아니아 지역에서 온 국민들이 참가하여 리투아니아 민요로 빌뉴스를 떠들썩하게 만들었다.

커다란 스타디움에서 수천 명의 '춤꾼'들이 형형색색 아름다운 민속의상을 입고 함께 추는 '민속춤의 대전'과 장대비가 억

1998년 리투아니아에서 열린 세계노래대전에서부터 2007년 라트비아 세계노래대전, 2009년 에스토니아 세계노래대전까지 지금까지 내가 보아왔던 축제의 규모는 정말 엄청난 것이었다.

수같이 내리는 가운데에서도 수천 명이 한 무대에 모여 화음을 만들어내는 '대합창의 대전'은 발트3국이 아니면 도저히 만날 수 없는 진기한 구경거리임에 틀림없다.

발트 민족의 음악은 현재 전 세계적으로 상당히 많은 연구의 대상이 되고 있다. 상당히 오랜 세월 동안 보전되어 내려오면서 원형의 모습을 많이 잃지 않은 민속음악과 민요는 전세계 중요한 민속축제의 고정레퍼토리로 지정된 지 오래고, 우리나라에서도 엑스포 등 세계적인 축제에 많이 초청되어 그 모습을 선보인 바 있다.

엄청난 물량과 속도로 공격해 오는 현대 매스미디어의 영향에 언제까지 굳건히 대항하고 있을지는 모르겠지만, 박물관이나 특별보존지구에서만 전해 내려오는 것이 아닌, 실생활 속에서 아직도 빛을 발하고 있는 수수하고 순박한 모습인 민속음악에 대한 사랑은 우리도 본받아야 하는 것임이 분명하다.

# 인류 역사상 가장 길었던 인간띠 '발트의 길'

그렇다고 그들이 독립을 이루기 위해서 허구한 날 노래만 불렀던 것은 아니었다. 발트인들도 소련의 지배에서 벗어나기 위한 구체적인 방법을 실행에 옮겨야 했다. 거대한 제국주의의 지배를 받는 작은 나라들이 이런 상황에서 취할 수 있는 구체적이고 물리적인 방법이라면, 현재 팔레스타인이나 체첸 공화국에서 일어나고 있는 여러 가지 사건들이 떠오르는 것이 일반적이다. 민주주의와 자유는 피를 먹고 자란다고 했던가.

이곳에서도 빨치산 같은 무장투쟁이 전혀 없었던 것은 아니다. 그러나 이들의 독립을 실질적으로 앞당긴 것은 총이나 칼이 아닌 다른 것이었다.

## 50년을 기다린 무혈혁명

1939년 8월 23일, 러시아의 외무부장관 바체슬라브 몰로토프와 독일의 외무부장관 요아힘 본 리벤트로프는 스탈린과 히틀러의 지령을 받아 독소불가침조약을 체결했다. 두 외무부장관의 이름을 따 '몰로토프-리벤트로프 조약'이라고도 불리는 이 협정은 러시아와 독일이 유럽을 사이좋게 나누어 갖자는 비밀조약이었다.

조약에 의하면 독일 동편에 위치한 폴란드와 발트3국 등은 러시아 영향에 들어가는 것이었다. 그러나 독일이 그 약속을 깨고 폴란드를 침공함으로써 제2차 세계대전이 시작됐다. 발트3국은 독일과 러시아의 침공을 번갈아 당하다가 결과적으로 2차 대전 종전 후 소련 공화국으로 귀속되고 말았다. 폴란드와 체코 같은 동유럽 국가들은 그나마 국가로서 주권과 자유가 보장되는 독립국으로 남을 수 있었으나, 발트3국은 세계의 지도에서 사라져버렸다.

발트의 길

그로부터 정확히 50년이 지난 1989년, 에스토니아·라트비아·리투아니아 사람들은 소련의 발트3국 지배의 부당함을 전 세계에 알리기 위해 한 자리에 모였다. 당시만 해도 이 사람들은 이 모임이 기적의 시작이 될 줄은 상상하지 못했다.

당시는 고르바초프의 개혁·개방 운동으로 소련 전체에서 자유와 독립의 의지가 확산해가던 시기였고, 발트3국을 비롯한 소련 공화국들 사이에서도 자유에 대한 의지가 불타오르고 있었다. 그러나 소련이 내놓은 개혁과 개방은 서방을 향한 것들에 국한됐을 뿐, 정작 이들의 독립에는 관심을 기울이지 않았다.

1989년 5월, 에스토니아·라트비아·리투아니아는 3개국의 민족정치정당 통일조직인 '발트총회'를 창설했고, 소련 정부에 "불법 점령사실을 인정하고 독립을 보장하라."고 요구했다. 때마침 독소불가침조약 50주년을 앞두고 그들의 목소리를 더 크게 전달하기 위한 방안이 제시되었는데, 그것이 바로 대규모 인간 띠, '발트의 길'이었다.

그러나 일정이 너무 촉박했다. 대규모 행사를 완벽히 준비할 시간도 충분치 않았을 뿐더러 국민 참여를 대대적으로 이끌어내지 못해 실패할 가능성이 다분했다. 또 자칫 이를 저지하기 위한 소련의 무력 침공도 무시할 수 없었다. 실제 행사가 열리기 약 1주일 전인 8월 15일, 러시아 「프라브다」지에는 발트3국에서 계획하고 있는 불법 행위를 금지한다는 기사가 나갔으며, 루마니아의 차우셰스쿠가 소련에 지원병력을 내어주기로 약속했다는 이야기도 흘러나왔다.

## 인간이 만든 세상에서 가장 긴 띠

  그러나 꿈은 이루어졌다. 8월 23일, 에스토니아의 수도 탈린에서 라트비아의 수도 리가를 지나 리투아니아의 수도 빌뉴스에 이르는 거대한 인간띠가 만들어진 것이다. 인간띠 길이만 자그마치 600km가 넘었고, 행사에 참여한 사람들도 약 200만명이 넘었다.

  인구밀도가 세계에서 가장 낮은 발트3국은 도시 간 거리가 상당하다. 도시를 조금만 벗어나면 끝도 없이 숲과 평야가 펼쳐진다. 그런 숲과 평야 한가운데까지 사람들이 손을 잡고 서야 했다. 게다가 1989년엔 승용차를 가진 국민이 인구의 10% 정도에 불과했기 때문에 수많은 사람이 정시에 약속장소로 이동하는 것도 큰일이었다. 이 일이 어떻게 가능할 수 있었을까?

빌뉴스 게디미나스 성 밑에 있는 발트의 길 시작점

  계획은 이랬다. 주최측은 600km에 이르는 거리를 50년을 상징해 50구획으로 나누었다. 리투아니아의 경우, 매 4km 구간마다 리투아니아 전통 제단을 세웠다. 성스러운 불이 점화된 전통 제단의 수 역시 50개였다.

리투아니아 제2의 도시 카우나스에서 행사준비를 맡았던 알렉산드라스는 당시를 이렇게 회고한다.

인간의 눈으로 한 번도 보지 못했고, 어떤 기막힌 상상력으로도 도달할 수 없는 그것을 어떻게 묘사해야 할까. 행사 진행자들은 어마어마한 인원수의 차량과 사람들의 이동방법을 준비해야 했다. 교통부 관계자, 환경운동 관계자, 지역 주민들, 그리고 비행사 등 여러 사람과 세부적인 것까지 계획했지만 마치 바닷물을 숟가락으로 퍼내는 것만 같았다.

그러나 카우나스에서만 25만 명이 모였다. 행사에 참가하고자 하는 사람들이 너무 많아서 그 사람들을 운송할 차들이 절대적으로 모자랄 정도였다. 버스회사들은 버스 노선을 급하게 바꾸면서까지 협조했다.

마침내 8월 23일, 200만 명에 이르는 사람들이 계획대로 세 나라를 잇는 도로 위에 빽빽이 들어찼다. 사람들 위로는 민간 비행기가 선회하며 줄곧 그 역사적인 장면을 촬영했고, 사람들은 국가를 부르며 국기를 흔들었다.

## 600km에 늘어선 200만 명, 자유를 외치다

가장 중요한 순간은 저녁 7시에 펼쳐졌다. 7시가 되자, 그곳에 모인 수백만 명의 사람들은 15분 동안 함께 손을 맞잡았다.

리투아니아 사람들은 '라이스베스laisvė', 라트비아 사람들은 '브리비바brīvība', 에스토니아 사람들은 '비바두스vabadus'라고 외쳤다. 이는 모두 '자유'라는 뜻이다. 그리고 동시에 각 마을과 도시의 성당에서는 그 시각에 맞춰 종을 울렸다.

당시 마리암폴레에 살고 있던 아크빌레 할머니는 훗날 "나는 그 순간을 집에서 맞이하고 있었다. 나이가 많아서 한살짜리 손녀와 함께 하루 종일 라디오를 들으며 7시를 기다렸다. 7시가 됐을 때 나는 기쁨의 눈물을 흘리며 손녀의 손을 잡고 노래를 하며 춤을 추었다."라고 회상했다.

뉴스 에이전시를 통해 이 사건은 전 세계로 중계됐다. 소련의 무력진압은 없었고, 행사는 대성공을 이뤘다. 그 후 1990년 리투아니아는 독립을 선포했고, 1991년 마침내 소련으로부터 3국 모두 독립을 인정받았다.

그렇게 '발트의 길'은 총 한 자루 사용하지 않고, 피 한 방울 흘리지 않은 채 엄청난 결과를 가져왔다. 이 길은 인간이 만든 가장 긴 띠로 기네스북에 기록됐다.

'발트의 길'이 성공하자 몰도바, 우크라이나 등 소련 내 다른 공화국에서도 억압에 대항하는 인간띠를 만들었다. 지난 2004년에는 대만에서도 2.28학살(1947년 2월 28일 중국 본토에서 건너온 장제스 정부가 대만 현지인 2만여 명을 공산주의자로 몰아 학살한 사건)을 기념하는 대규모 인간띠 행사가 열렸다. 지구를 감싸는 띠를 만드는 장면은 마이클 잭슨의 뮤직비디오에도 나올 정도로 평화와 인류 화합의 대표적 상징으로 자리 잡았다.

'발트의 길'은 살상용 무기와 학살이 난무하는 전쟁에 경종을 울리고 인류 화합에 대한 은은한 메아리를 울려주는, 세계사의 중요한 사건이 되었다.

현재 발트인들은 그 사실을 인류에게 남겨줄 유산으로 만들기 위해 움직이고 있다. 2007년 12월 4일, 에스토니아 수도 탈린에서 열린 발트3국 유네스코 대표회의에서 1989년 '발트의 띠(발트의 길)' 행사를 유네스코 세계기록유산에 등록시키기로 입을 모았고, 2009년 유네스코는 마침내 신청을 받아주었다.

세계기록유산이란 인류의 문화를 계승하는 중요한 유산임에도 훼손되거나 영원히 사라질 위험에 처한 역사적인 기록을 보존하기 위해 유네스코에서 운영하는 프로그램으로, 우리나라 것으로는 『훈민정음』『직지심체요절』『조선왕조실록』『승정원일기』가 등재되어 있다.

발트3국은 '발트의 길'을 준비하면서 사용했던 모든 문서와 기록들을 모아 2008년에 유네스코에 정식 제출했으며 그 다음 해에 승인되었다. 발트3국의 국민은 아름다운 도시와 자연경관을 가진 나라의 국민이 아닌, 세계사에 큰 획을 그은 역사의 주인공으로 또다시 태어날 수 있기를 바라고 있다.

# 꺼지지 않은 제2차 세계대전의 불씨

그렇게 수백 년에 걸친 주변 강대국들의 지배와 억압에 맞서 싸운 결과, 그들은 마침내 소중한 독립을 일구어냈다. 스웨덴, 독일, 제정 러시아, 폴란드 등 그곳을 지배한 여러 국가들이 그들의 국기를 꽂았던 자리에 발트3국의 삼색기가 내걸렸다. 차별의 대상이 되었던 언어와 글자를 마음 놓고 사용할 수도 있게 되었고, 함부로 말하지 못한 역사를 마음 놓고 말할 수 있는 가슴 벅찬 자유를 누릴 수도 있게 되었다.

그들은 독립 이후 매년 5-6% 이상의 초고속 경제성장률을 기록하며 다른 동유럽 큰형님들을 저 멀리 추월했고, 전 세계로부터 '동유럽의 호랑이'라는 찬사를 받으면서 눈부신 발전을 이루었으며, 2004년에는 끝내 그들이 그토록 바라던 유럽연합

라트비아에 진격한 독일인들을 환영하는 라트비아인들

의 회원국이 되었다. 유럽연합과 나토라는, 거칠 것 없는 경제적
·군사적 병풍을 뒤에 드리운 이 작은 나라에는 이제 더 이상
그런 슬픔의 역사가 반복되지 않을 것 같다.

그러나 수백 년 동안 이곳에 거미줄처럼 얽히고설켰던 역사
의 자취는 여전히 많은 경각심을 불러일으킨다.

매년 라트비아에 제2차 세계대전의 그림자가 드리워지는
날이 있다. 1943년 라트비아에서 독일 무장친위대의 자원부
대가 창설된 3월 16일이다. 라트비아 자원 무장친위대(Lettish
Volunteer SS Legion)는 제2차 세계대전 말 동부전선에서 소련
의 적군에 맞서 싸운 부대로, 발트3국 중 가장 큰 규모인 약 11
만 명에 달했다. 히틀러의 후방부대를 자처했던 이들에게는 유
태인 대학살에 동조했다는 딱지가 붙었고 역사는 이들을 전쟁

범죄의 가해자로 규정했다.

그러나 라트비아 국민의 생각은 좀 다르다. 1986년 3월 16일부터 라트비아 민족연합정당인 '라트비아의 힘'을 비롯한 우익단체들은 이들 라트비아 자원 무장친위대를 기리는 행사를 열고 있다 "무장친위대는 히틀러에 충성한 게 아니라 라트비아 독립과 공산주의(소련)를 막기 위해 존재했다."고 주장한 이 행사는 이후 매년 개최되면서 라트비아 내에서도 많은 논란을 낳았다.

특히 라트비아에 살고 있는 러시아인들은 '무장친위대를 기리는 것은 신나치즘'이라며 맹렬히 비난했다. 세계 언론들도 '나치주의의 부활'이라며 우려의 눈길을 보냈다. 1993년 영국의 「가디언」지는 "라트비아의 무장친위대 베테랑들이 다시 행진을 시작했다."며 "라트비아는 전 세계에서 나치친위대에게 바치는 기념물이 세워지는 유일한 나라이며 독일에 점령당했던 동쪽 영토 중 유일하게 자신을 순수 아리안족으로 여기는 민족"이라고 보도했다.

그러나 라트비아 우익단체들의 자원 무장친위대 행사를 흑과 백으로만 갈라보기엔 복잡한 사연이 숨어있다.

### 제2차 세계대전에 휘말린 라트비아의 비운

제2차 세계대전 시 소련의 라트비아 침공은 서유럽 문화권에 속해 있던 발트3국에 악몽을 안겨 주었다. 소련과 공산주의에 반대하는 사람들은 처형됐고 농장과 사유재산은 모두 국가로 넘어갔으며 교회 또한 금지됐다. 1941년 6월 13일과 14일 밤, 당시 라트비아인 1만 5,000여 명이 시베리아로 강제 이주됐다. 정치범이라는 이유였지만 실제 정치범의 비율은 낮았으며 어린이들도 상당수 포함되어 있었다. 그중 단 1%만이 고향으로 돌아왔을 뿐 상당수는 강제 이주 열차와 집단노동에 목숨을 잃었다.

불가침조약을 체결했던 독일과 소련 양국은 1년도 안 돼 서로에게 총구를 겨누는 사이가 됐다. 1941년 6월 독일 군대는 동쪽으로 진격해 소련의 붉은 군대를 몰아내기 시작했다.

소련의 공포정치에 떨고 있던 라트비아인들에게 독일군들은 '해방군' 그 자체였다. 사람들은 '독일이 라트비아를 위해 함께 싸우며 라트비아를 독립국가로 만들어 줄 것'이라는 희망에 부풀었고 히틀러가 이끄는 독일군을 열렬히 환영했다. 그리고 젊은이들은 공산주의 소련에 맞서기 위해 독일군에 자원 입대했다.

하지만, 그 달콤한 상상은 오래가지 않았다. 독일군은 많은 젊은이를 전쟁터로 끌고 갔고 군수물자 확보에 열중했다. 전세가 불리해지자 히틀러는 '전 국토를 전장화하고 국가 전체를 병영화하는' 총력전을 선언하고 1943년 1월 독일이 아닌 다른 민족으로 구성되는 자원 친위대를 만들라는 명령을 내렸다.

이에 라트비아 정부는 독일로부터 "종전 후 독립국가 창설을 돕는다."는 약속을 받고 자원 친위대 결성에 동의, 3월 16일

독일 나치 친위대에 참여한 라트비아 병사들

라트비아 자원 친위대 2개 대대를 창설했다. 하지만, 실제 자원한 사람은 15%에 불과했고 나머지는 강제동원이었다. 그렇게 해서 약 11만 5000명의 라트비아인들이 전쟁 끝 무렵인 1945년 전선에 투입돼 그중 3만여 명이 목숨을 잃었다. 그러나 라트비아의 독립과 공산주의로부터 유럽을 수호하려는 라트비아인들의 뜻과는 달리 독일은 유태인 학살에 열중했고 라트비아 자원 친위대 역시 그 죄를 함께 뒤집어썼다.

이어 독일은 패전국으로, 소련은 승전국으로 종전을 맞았고 발트3국은 다시 소련에 복속됐다. 자원 친위대에 입대한 군인들과 가족은 적군에게 동조했다는 명목으로 숙청됐으며 소련의 1차 침략 때보다 두 배나 많은 사람이 시베리아로 압송됐다. 라트비아의 독립을 위해 목숨을 바쳤던 라트비아 자원 무장친위대는 종전 후 멍에와 함께 역사의 뒤안길로 사라졌다. 그리고 소련 시절, 그들은 국가의 적으로 지목되었으며 그 이름조차 함부로 말할 수 없었다. 제2차 세계대전 당시 유태인 대학살에 참여했던 라트비아 출신의 전범자들은 국제법정에서 유죄를 선고받고 처벌을 받아야 했다. 그런 나치의 무장친위대는 라트비아만의 일이 아니라 리투아니아, 에스토니아에서도 결성되었다.

라트비아가 소련에서 독립하고, 말하지 못했던 과거를 마음껏 말할 수 있는 자유가 주어졌다고 생각했다. 라트비아를 자주독립국가로 만들고자 하는 심정에서 독일군에 자원입대한 병사들의 손자 손녀, 국가의 적으로 몰려야 했던 할아버지의 명예를 되찾고자 매년 3월 16일이 되면, 라트비아의 자유를 상징하는 자유의 여신상 앞에 헌화하고자 모인다.

그러나 현실은 엄연히 달랐다. 지금도 독일군과 협조한 사람들을 무조건 나치라 치부하는 또 다른 한 무리의 사람들과 여전히 대적해야 하기 때문이다. 과연 라트비아의 병사들 역시 유태인을 학살하고, 독일의 전쟁 도발을 도왔을까?

2005년 2월 11일 라트비아의 바이라 비체-프레이베르가 대통령은 이스라엘을 방문하여 "라트비아 민족 중에도 유태인 학살에 동조하거나 참여한 사람이 있다."고 시인하고 공식사과했다. 그러나 대통령의 사과는 개인적으로 유태인 학살에 동조한 사람들에 대한 반성이었지 라트비아 자원 무장친위대 활동 자체에 대한 사과는 아니었다. 라트비아 정부가 2004년 2월 밝

힌 공식입장은 친위대 차원의 유태인 학살을 부정하고 있다.

라트비아 친위대는 라트비아에서 유태인 학살이 끝난 후 약 1년 뒤에 창립되었다. 제2차 세계대전이 거의 끝나갈 무렵 전쟁범죄를 저지른 사람이 나치 정당과 민간인 감시를 위한 비밀경찰인 게슈타포Gestapo에 참여하긴 하였으나, 이것으로 라트비아 군대 전체가 범죄조직이었다고 말할 수는 없다. 어떤 단체도 각각 개인이 저지른 일을 가지고 평가할 수는 없다.

라트비아와 에스토니아의 무장친위대는 독일의 무장친위대와는 엄밀히 다르다. 라트비아 군대가 나치친위대에 포함된 것은 단순히 형식상 차원이다. 1950년 9월 1일 미 전쟁난민위원회도 "발트3국에서의 무장친위대는 독일 SS(나치친위대)와 목적, 이데올로기, 업무와 구성에서 전혀 다른, 독립적인 단위이며, 본 위원회는 그들의 전적이 미 정부에 적대적인 활동이 될 만한 것이라 보지 않는다."고 명백히 발표한 바 있다.

소련군은 그런 독일로부터 발트3국을 해방시켰다. 그리고 그들은 얄타회담의 결과를 바탕으로 발트3국을 그들의 몸 안으로 밀어 넣을 수 있었다. 러시아는 이 작고 여린 나라들을 히틀러의 압제로부터 구한 영웅이었던 것이다.

그러나 그런 영웅들이 그들을 구하러 올 것이라는 소문이

들리자, 발트인들은 앞을 다투어 자신들의 조국을 버렸다. 쪽배를 타고 파도치는 발트해를 건너 스웨덴과 독일 등으로 탈출을 한 것이다. 영웅들은 독일에 협조했다는 명목으로 발트인들에게 정치적 숙청과 처벌을 서슴지 않았다. 이전보다 더 많은 이들이 시베리아로 가는 기차에 몸을 실어야 했다. 정치범이란 중죄를 지고 동토의 땅으로 끌려가는 죄인 중에는 나이 어린 아이들과 노인들도 있었다. 그런 가운데 라트비아 원래 주민의 인구비율은 급격하게 떨어졌고, 그 자리를 러시아 현지에서 온 사람들이 메워 나갔다. 1980년까지 라트비아에서 라트비아 사람들이 차지하는 비율은 60%에도 미치지 못할 정도로 줄어드는 결과를 낳았다.

1991년, 소련의 굴레를 벗어던지고 독립을 하긴 했지만, 아직도 라트비아 전체에서 러시아인이 차지하는 비율은 40% 정도다. 그러나 주요 도시에서는 러시아인들의 비율이 절반 이상을 차지한다. 수도 리가의 경우 러시아인 비율이 60%에 달하며, 제2의 도시 다우가우필스에서는 80%에 달해 정작 라트비아인들이 소수민족으로 전락해 버렸다.

러시아인들이 라트비아에 살기 위해서는 라트비아어를 배우고 적법한 절차에 따라 시민권을 취득해야 했지만, 그런 사람은 매우 드물었다. 라트비아의 유럽연합 가입 이후 라트비아 시민권을 획득하고자 하는 러시아인들의 수가 몇 배로 늘긴 했지만, 여전히 260만 라트비아 총인구 중 26%에 이르는 64만 명의 러시아인들이 시민권을 획득하지 못한 비시민자로 분류되어 있다.

구소련으로부터 지배받던 시절을 극복하고자 하는 라트비아 인들의 이런 조치에 러시아는 오히려 반발하고 나섰다. 러시아 는 시민권을 따기 위해 치러야 하는 라트비아어와 역사시험이 러시아 소수민족을 탄압하는 것이라며 라트비아를 공공연히 국제적으로 비난하기 시작했고, 1999년에는 라트비아에 대해 무역금지 조치까지 취한 바 있다.

2004년, 라트비아 정부가 라트비아 내의 모든 학교에서 전 체 과목의 60% 이상을 필수적으로 라트비아어로 실시하도록 하는 법안을 통과시키자 라트비아에 사는 러시아계는 물론이 거니와 크렘린에서까지 나서서 러시아 소수민족의 탄압이라며 언짢은 태도를 감추지 않았다. 또 각종 국제회의에서 체첸과 같은 러시아 소수민족의 인권문제가 거론될 때마다 러시아 정 부는 라트비아 내에 존재하는 러시아 소수민족에 대한 탄압이 해결되지 않으면 논의하지 않겠다고 맞섰다.

라트비아 정부가 내놓은 대對러시아인 대책에도 문제가 전 혀 없는 것은 아니다. 아직 라트비아어를 제대로 구사하지 못 하는 교직원들이 대부분인 러시아 학교에서 60% 이상을 라트 비아어로 교육하는 것은 불가능하다. 게다가 현재 라트비아에 남아있는 러시아인들 중에는 소련에 반대하여 라트비아의 이 름으로 그들의 독립을 위해 앞장서 싸운 이들도 있어 반발이 커지고 있다. 그들은 라트비아가 독립을 하게 되면 라트비아 시민권을 자동적으로 획득할 것으로 희망했으나 라트비아 정부가 자신들을 다른 러시아인들과 똑같이 취급했다며 분노하고 있다.

2004년 5월 라트비아가 유럽연합의 일원이 되자 다행히 이 상황은 조금 나아질 기세가 보인다. 유럽연합 시민이 될 경우 얻게 되는 여러 가지 장점들로 인해, 라트비아의 비시민권자들은 라트비아의 시민이 되기로 마음을 돌렸고, 그로 인해 유럽연합 가입 후, 시민권을 따고자 하는 러시아인들의 수가 급격히 늘어났다. 그러나 현지인과 러시아인들 사이에 존재하는 심리적 골은 어떤 법률적 조치와 경제적 보상으로도 메우기가 힘들다.

상황이 그렇다면, 벨기에나 스위스처럼 여러 언어와 다양한 인종이 공존하는 나라로 방향을 설정하는 것도 나쁘지는 않을 것 같아 보인다. 그런데 이곳에 살고 있는 러시아인들은, 비록 시민권을 가지고 있다 하더라도 라트비아인이나 에스토니아인이라고 부르기 보다는 '라트비아에 살고 있는 러시아인', '에스토니아에 살고 있는 러시아인'으로 칭하는 것이 일반적이라는 사실은 그 역시 실현하는 데 어려움이 많다는 것을 말해준다. 네덜란드어권인 벨기에 제2의 도시 앤트워프에 사는 사람들은, 자신들이 '벨기에에 사는 네덜란드인'이라고 말하는 일이 절대로 없다. 물론 벨기에 사람들도 그런 현실을 만드는 데 대단한 노력이 필요했을 것이다.

위에 논한 상황은 비단 라트비아에만 해당되는 것이 아니다. 리투아니아의 경우는 비교적 양호한 편이지만, 에스토니아 역

철거되기 전 청동군인동상. 이 동상 철거는 발트와 러시아 민족 간의 유혈사태로 이어졌다.
2013년 현재는 공터가 되었다.

시 러시아인들과의 여러 가지 문제들이 해결되지 못한 채 남아
있다. 소련의 붉은 군대가 나치 독일로부터 에스토니아를 해방
한 것을 기념하여 탈린 시내에 조성되었던 청동군인동상이, 에
스토니아인들로부터 침략의 상징이라는 가혹한 평가를 받으면
서 몇 년 간 이념적 싸움으로 발전하였고, 2007년 4월 그 동
상이 철거되자 이에 반대하는 '에스토니아에 사는 러시아인'들
이 대규모 시위를 벌여 사상자가 발생하는 유혈사태로 번졌다.

# 에스토니아 IT 발전과 말총머리 남자들

## IT 강국 에스토니아?

아직 여러 모로 해결하지 못한 고질적인 문제들과 직면해 있지만, 그에 아랑곳없이 발트의 이 작은 나라들은 꾸준한 경제성장을 이룩하여 유럽의 개발도상국들로부터 많은 부러움을 사고 있는 것이 사실이다. 특히 에스토니아가 보여주는 발전의 모습은 놀랍기까지 하다.

에스토니아의 경우, 자주 부각되는 것이 바로 유럽의 IT 강국이라는 사실이다. 세계 최대의 IT 강국을 꿈꾸고 있는 한국의 경쟁상대이자 새로운 시장이라는 차원에서 우리나라의 관심을 끌 만한 흥미로운 곳임에 틀림없다. 정말로 우리나라 주요

검색엔진에서 에스토니아 관련 뉴스를 조회해 보면, IT나 컴퓨터에 관련된 기사들이 절반 이상을 차지한다.

IT 산업에 관한 소문을 듣고 에스토니아를 찾은 한국인들이 자주 묻는 질문 중에는 다음과 같은 것이 있다.

"여기 에스토니아 IT 산업이 잘 되어 있다던데, 괜찮은 컴퓨터 좀 살 만한 곳 없어요?"

"인터넷 천국이라는데 인터넷 카페가 전혀 안 보이네요?"

"아니, 무슨 IT 강국 국민들이 쓰는 핸드폰이 저리 조악하답니까? DMB 기능은 되나요?"

질문에 답변을 하자면, 에스토니아에서 컴퓨터나 핸드폰을 만드는 회사는, 모두 다른 나라 업체의 하청을 받아서 제작하는 곳이다. 그리고 에스토니아는 인터넷 카페가 그다지 많지 않다. 인터넷 카페가 있다고 하더라도, 우리나라처럼 몇 시간 동안 앉아서 온라인 게임을 즐길 만한 화려한 시설이 있는 곳도 없고, 인터넷 상으로 한국 신문을 읽을 수 있도록 엔코딩이 가능한 카페도 정말 찾기 힘들다. 우리나라는 심지어 공중전화에도 인터넷이 연결된 것이 있지만, 에스토니아 사람들에겐 여전히 신기한 물건이다.

그리고 에스토니아 사람들은 우리나라 사람들이 가지고 놀기 좋아하는 화려한 기능이 빵빵한 핸드폰에는 그리 관심이 없다. 게다가 DMB폰이란 것은 대부분의 사람들이 인식조차 못하고 있다. 버스를 타고 30분 이상 이동할 일이 없는 작은 도시에 사는 사람들에게 텔레비전까지 볼 수 있는 묵직한 전화기는 그냥 짐만 된다. 대략 이 정도 들으면 예상한 대로 '내가 들은 것은 전부 에스토니아를 홍보하기 위한 이벤트성 기사가 맞았군.' 하면서 고개를 설레설레 내젓게 될 것이다.

그러나 에스토니아는 정말 IT 강국이 맞다. 에스토니아의 명성을 가장 드높이고 있는 것은 국민들의 인터넷 사용이다. 이 나라 사람들은 인터넷을 볼 일이 있으면, 구태여 인터넷 카페를 찾지 않아도 된다. 충전된 노트북만 있으면 시내에 있는 카페나 식당 어디든 들어가서 전원만 켜면 인터넷이 연결된다. 대도시는 물론이거니와 발트해 한가운데 작은 섬까지 사람이 살고 있는 곳이라면 거의 모든 곳에서 무선인터넷 연결이 가능하다. 만약 노트북이 없다면 에스토니아 전체 700여 개에 이르는 공공 인터넷 사용지점을 찾아서 무료로 인터넷을 사용할 수 있다. 인구 대비 인터넷 연결 가능성을 따지면 유럽 전체에서 최상위권에 든다.

통계자료에 의하면 에스토니아 전체 개인용 컴퓨터 중에 82%가 인터넷에 연결이 되어 있고, 전체 인터넷 사용자 중 72%가 은행에 가지 않고 인터넷 뱅킹을 통해서 업무를 해결한다. 그리고 에스토니아 전체 납세자 중 76%가 인터넷을 통해 소득신고를 한다.

인터넷은 단지 일상생활 속에서만 존재하는 것이 아니다. 2005년에는 세계 최초로 전자선거를 성공적으로 치렀고,

2007년 2월에도 국회의원 선거를 역시 전자선거로 치러냈다. 2000년 8월부터는 국회업무에서 이미 종이가 사라졌고 모든 업무가 컴퓨터로 진행된다. 1998년부터 정부는 인터넷을 통해서 거의 모든 공공서류를 대중에게 공개하고 있다. 이뿐이 아니다. 주민등록증에는 전부 마이크로칩이 부착되어 있어서, 일상생활의 전자화가 가능하다. 사람들은 주차권이나 버스표를 사기 위해 돈을 낼 필요가 없다. 주민등록증을 통해서 구입하거나 아니면 핸드폰을 두드려서 지불을 한다. 전자선거에 참여할 시에는 마이크로칩에 기록된 고유의 번호를 가지고 전자서명을 한다.

놀랍게도 에스토니아에서 핸드폰 가입자수는 에스토니아 전체인구를 넘어섰다. 인터넷 사용빈도는 이미 프랑스나 벨기에 같은 나라를 훨씬 앞섰다.

## IT 강국을 만든 에스토니아의 말총머리 소년들

세계 최고의 IT 파라다이스인 우리나라에서 보기엔 별거 아닐지 몰라도 이 나라가 소련에서 독립한 지 불과 15년밖에 안 되는 소국이라는 사실을 보면 정말 놀랍지 않을 수 없다. 대부분의 동유럽 국가들에서 인터넷 사용률이 여전히 바닥을 기고 있다는 사실을 따져보면, 에스토니아의 이러한 성장은 정말 빠른 순간에 일어난 엄청난 변화가 아닐 수 없는 것이다. 이렇게 빠른 속도의 IT 산업을 발전시키는 데는, 바로 '말총머리 남자'

들의 공이 컸다.

컴퓨터 프로그래머는 에스토니아어로 '빠찌카 뽀이쓰patsiga poiss'로 일컫는다. 즉 '말총머리 남자'라는 단어이다. 좀 더 정확히 번역하자면 '머리 땋은 소년'이 맞을 수 있지만, 엄밀히 말하면 소년보다는 나이가 훨씬 든, 그리고 예쁘게 머리를 땋지 않고 그냥 묶어서 말총머리처럼 하고 다니는 남자들을 말한다. 이 단어는 특정 집단이 사용하는 단어가 아니라, 에스토니아어를 배우기 위해 찾아온 외국인들에게 선생님들이 '대놓고' 가르치는 표준어이다.

물론 전부 다 그런 것은 아니지만, 에스토니아에서 컴퓨터 관련업무를 본다는 사람들은 대략 비슷한 모습을 하고 있다. 에스토니아 최대의 컴퓨터 회사에서 일을 하고 있는 나의 친구 역시 수년간 치렁치렁 기른 머리를 자랑스럽게 펄럭거리면서 업무를 본다. 길거리에서 머리를 길게 기르고 다니는 남자들을 본다면, 컴퓨터 관련 업종에서 근무를 하거나 음악을 하는 사람이라고 보면 된다.

왜 그들은 머리를 기르게 되었을까? 이유는 한마디로 말하기 곤란할 만큼 복잡하다. 거기에는 약간은 복잡한 정치적 배경이 숨어있다. 일단 에스토니아는 소련 시절에도 서방과의 교류가 비교적 자유로운 곳이었다. 탈린과 헬싱키 사이에 배가 오가면서, 소련과 서유럽으로 가는 유일한 통로 노릇을 하고 있었고, 북유럽 텔레비전을 안방에서 보면서 미국과 서방에서 일어나는 여러 가지 일들을 직접 접하고 있었다.

그들이 텔레비전에서 접하는 서방 소식, 그리고 집안에서 부모님으로부터 듣는 세상이야기와 학교에서 배우는 것은 엄청난 괴리가 존재하고 있었다. 학교에서 배우는 것에 의하면 스탈린은 영웅이었고 소련의 체제는 세계 최고였지만, 막상 서방세계는 학교에서 말하는 것과는 정반대로 돌아가고 있었다. 에스토니아의 젊은이들은 그 사실을 다른 소련 공화국 국민들보다 훨씬 일찍 알아가고 있었다.

그런 상황에서 소련의 사회주의 체제를 무조건 강조하고 크렘린의 프리즘을 통해서만 세상을 보도록 가르치는 인문학은 에스토니아 젊은이들의 관심에서 멀어질 수밖에 없었다. 그래서 그들은 인문학이 아닌 '진실만을 가져다 주는' 기술에 관심을 가지기 시작했다. 에스토니아의 젊은이들이 인문학을 대신할 무언가 새로운 것에 갈망을 느끼던 시절 세계에는 컴퓨터라는 것이 돌아가기 시작했다.

말하자면, 젊은이들이 컴퓨터에 관심을 갖기 시작한 것은 반소련 감정과 깊은 연관이 있다. 사회기득권과 정부에 싫증을 느낀 젊은이들은 미국문화와 히피문화에도 관심을 갖게 되었고, 천편일률적인 사회 규율과 질서에도 반기를 들기 시작했다. 그러므로 머리를 기르거나 눈에 상당히 거슬리는 옷을 입는 등, 다른 나라라면 한때 불량기 있는 아이들이나 할 것이라고 오해받던 짓을 장래가 촉망되는 컴퓨터 신동들이 하고 돌아다녔다.

게다가 소련 정부는 젊은이들의 그런 행동을 규제하거나 탄압할 하등의 이유도 찾아내지 못했다. 아무리 서슬 퍼런 소련 정부라 하더라도 머리를 기르는 것을 규제할 방법은 없었고, 인문학 공부를 등한시하고 컴퓨터에 매달리는 젊은이들을 막을 이유도 없었다.

마침내 에스토니아는 소련으로부터 독립을 얻어내었고, 이미 에스토니아의 IT 기술은 사회주의 체제에 물들어 있던 동유럽 국가와 소련의 다른 공화국들보다 훨씬 앞설 수 있었다.

**유럽 최저의 인구밀도 에스토니아, 그들을 인터넷으로 연결하라**

말총머리를 한 남자들이 공부를 등한시하고 컴퓨터만 했기 때문에 이 모든 것이 가능했던 것은 아니다. 에스토니아는 전 국토가 약 4만$km^2$로 남한의 절반 정도이지만, 인구는 120만 명에 불과해 인구밀도가 현재 1$km^2$당 29명에 불과하다. 인구밀도로 따져 봐서 넓고 넓은 미국에 이어 세계 144위를 기록한다. 수도 탈린을 조금만 벗어나면 온통 울창한 숲과 푸르른 들판밖에 보이지 않을 정도이다. 이런 조건을 가진 나라에서 인구를 하나로 통합하는 데 가장 효과적인 것은 인터넷이었고, 서방에서 공부를 마친 젊은 정치인들과 경제인들은 IT 산업 육성을 최우선 과제로 인식하고 있었다.

그래서 정부는 '인터넷은 컴퓨터가 아닌 사람을 연결한다'는 모토를 만들어냈고, 많은 과제를 실행해 나갔다. 가장 대표적인 것이 '호랑이의 도약(Tiger leap)'이나 '세계를 보아라(Look @ world)'라는 프로그램이다. '호랑이의 도약'은 1997년부터 시작되어 에스토니아의 모든 관공서와 학교에 컴퓨터를 공급하고 인터넷 콘텐츠 개발에 투자한 프로젝트로, 이 결과 에스토니아의 모든 학교와 도서관은 전부 인터넷에 연결되어 있다. '세계를 보아라' 프로그램은 에스토니아인들에게 컴퓨터와 인터넷 사용법을 가르치고 홍보하는 프로젝트로서 3년 내로 인터넷 사용률을 전체 인구의 90%로 끌어올리는 데 집중하고 있다.

에스토니아 IT 산업에 대한 관심은 많이 높아가고 있지만, 지금 전 세계에서 돌풍을 일으키고 있는 인터넷 전화 스카이프SKYPE나 P2P 프로그램의 대명사 카자KAZAA가 에스토니아 말총머리 남자들의 기술력으로 만들어졌다는 것을 아는 사람은 드물다. 인류의 대부분이 사용하고 있는 핫메일hotmail이 나오게 된 데 역시 에스토니아 말총머리 남자들의 공이 컸다. 핫메일 기술 발전에 혁혁한 공을 세웠던 스티브 유르벳촌Steve Jurvetson의 양부모는 전쟁통에 캐나다로 탈출했다가 결혼 후 미국으로 이주한 에스토니아인들이었다. 당시로서는 가능성도 검증되지 않았던 이 전자메일 프로젝트를 인도인 개발자로부터 30만 달러의 돈으로 인수해 집중적인 연구를 거듭해 현재의 수준으로 올려놓았고, 그로부터 2년 후 마이크로소프트에 4억 달러에 기술을 내놓은 것으로 알려져 있다.

우리가 모르는 사이에도 에스토니아의 말총머리 젊은이들은 자신의 길을 열심히 준비하며 매진하고 있었다. 지금 이 지구상 어딘가에 또 최고를 꿈꾸며 정진하고 있는, 또 다른 말총머리 젊은이들이 있을지 모른다.

# 발트연안의 순결한 세 자매

요즘 '블루 오션'이란 말이 뜨면서 발트3국 역시 유럽의 새로운 시장으로 많은 관심을 받기 시작했다. 한국에서 아직 진출을 하지 못한, 그러나 발전 가능성이 무궁무진한 새로운 시장으로의 가치가 부각되고 있는 중이다.

그 말이 틀린 것은 아니다. 우리가 미처 깨닫지도 못하는 사이에 이들은 엄청난 강대국과 맞서 싸우면서 승리의 역사를 이루었다. 그들이 만든 배는 아프리카와 남미를 오가면서 무역을 했고, 전 세계에서 가장 작은 초경량 카메라 미녹스를 생산한 바 있으며, 바그너나 칸트 같은 세계의 위인들에게 중요한 예술적·학술적 동기를 부여하기도 했다. 그런 역사를 바탕으로 그들은 현재도 눈부신 발전을 이루고 있고, 앞으로 그들이 이루어낼 모습은 우리가 무엇을 상상하듯 그 이상이 될 것이 분명하다.

그러나, 동시에 우리의 기대는 잘못된 것일 수도 있다. 발트 3국의 인구는 전부 합쳐봐야 서울 인구에도 지나지 않기 때문에, 소비시장은 유럽에서 가장 열악한 상황이다. 게다가 모든 것이 수도에 밀집되어 있기 때문에 도시와 시골과의 격차는 상당하고, 그러다 보면 기업이 관리할 시장규모는 더 줄어든다. 인구증가율은 몇 년째 마이너스 성장을 기록하고 있어서 이 속도로 80년이 지나면 이곳에는 사람이 한 사람도 남아있지 않을 지경이다.

문제는 여기에서 끝나지 않는다. 이런 조그마한 시장에 언어도 자그마치 세 개로 나뉘어져 있는데다가, 유럽연합에 가입을 하긴 했지만 여전히 그 나라들 사이에 국경이 존재한다. 발트3국에 살고 있는 러시아어 인구까지 고려하면 사용언어의 수는 네 개로 늘어나며, 경제수준은 유럽연합이나 러시아가 재채기를 한 번 하면 바로 몸살에 걸릴 정도로 연약하다.

이런 여러 조건들을 따져보면, 이곳이 정말 발전가능성이 있는 시장이네, 아니면 쓸모없는 시장이네, 서로 핏대를 세워가며 토론을 해야 할 판이다. 그러나 그 두 말은 모두 다 옳다. 황희 정승께서 하신 말씀처럼, 갑순이 말도 옳고 순덕이 말도 옳다.

다시 말하면 이곳의 시장이 파란 바다네 노란 바다네 하면서 호들갑을 떨기에는, 아직 지나치게 이르다. 발트3국은 어떤 한 가지 기준으로 평가하기엔 생각보다 상당히 복잡한 국가이며, 아직 우리가 파악하지 못한 여러 모습이 남아 있어, 이곳을 한마디로 평가하는 것은 파리나 모기를 조류로 분류시키는 처참한 오류가 될 가능성이 크다.

이곳은 우리가 모르고 지나치기에는 너무도 아름다운 자연과 고풍스런 도시를 가진 나라이다. 한국에서도 이제 세계여행은 단지 특정 계층만이 아닌 많은 이들이 어렵지 않게 향유할 수 있는 즐거움이 되었고, 특히 유럽의 화려함은 많은 관광객의 발걸음을 유혹하고 있다. 현재 발트3국으로 목적지를 정하는 사람들은 이미 서유럽의 화려함을 다 보고 나서 더 이상 갈 곳이 없는 이들이 대부분이지만, 이곳은 유럽을 전혀 보지 못한 상태에서 선택해도 좋을 만한 훌륭한 볼거리들로 가득 차 있다. 각국 수도의 구시가지들은 수백 년간 외세의 지배를 받으면서 건설된 다양한 형태의 건물들이 한 곳에 남아 유럽 건축양식의 역사를 한눈에 보여주는 울타리 없는 박물관이라 불린다. 그다지 규모가 크지 않은 구시가지를 자연스럽게 산책하면서, 무려 800년에 이르는 유럽 건축의 역사들을 한 눈에 볼 수 있는 지역은 유럽에서는 발트3국이 거의 유일한 지역이다.

게다가 도시를 조금만 벗어나면 등장하는 울창한 숲들은, 이미 유럽 많은 나라에서는 사진으로만 볼 수 있을만한 것들이다. 산이라고는 전혀 없는, 해가 지평선 위로 뜨고 지는 평원에 드문드문 지어져 있는 집들에는 굴뚝마다 황새둥지가 지어져 있고, 나그네의 길을 안내하듯 넓은 날개를 펴고 유유히 날아가는 황새들 그리고 숲 속을 흐르고 있는 강변에서 어렵지 않

울창한 숲과 들판이 끝없이 이어지는 발트3국. 이곳에서는 태양이 들판에서 뜨고 진다.

게 발견할 수 있는 비버들이 만들어 놓은 둑은 이곳의 자연이 얼마나 깨끗한지 잘 말해주고 있다. 게다가 화려한 수도의 모습과는 전혀 다른, 때 묻지 않은 순박한 분위기의 농촌 역시 다른 유럽에서는 볼 수 없는 독특한 모습을 만들어준다.

유럽 여행을 계획하고 있다면, 우리가 알고 있는 획일화된 모습의 유럽 말고도 이런 고즈넉하고 넉넉한 곳도 계획에 넣어보도록 하자. 아마 모르고 지나쳤더라면 후회가 되었을 많은 것들을 이곳에서 발견하는, 또 다른 만족감을 느낄 수 있을 것이다.

우리는 이제 이 발트3국이라는 순결한 세 자매의 얼굴을 겨우 보았을 뿐이다. 발트 해안가에서 잠들어있다 깨어난 이 작은 나라들은, 경제적 파트너나 정치적 동맹만이 아니라, 자신들

의 말을 들어주고 믿어주는 터놓고 이야기할 수 있는 친구들을
기다리고 있다. 그런 인간적인 이해와 접근으로 맺어진 관계는
자동차나 무선전화기를 수천 대 팔아서 얻는 이익보다 더 값질
것이다.

**발트3국** 잊혀졌던 유럽의 관문

| 펴낸날 | 초판 1쇄 2007년 7월 27일 |
| | 초판 5쇄 2019년 4월 20일 |

| 지은이 | **서진석** |
| 펴낸이 | **심만수** |
| 펴낸곳 | **㈜살림출판사** |
| 출판등록 | **1989년 11월 1일 제9-210호** |

| 주소 | **경기도 파주시 광인사길 30** |
| 전화 | **031-955-1350** 팩스 **031-624-1356** |
| 홈페이지 | http://www.sallimbooks.com |
| 이메일 | book@sallimbooks.com |

| ISBN | 978-89-522-0683-1 04080 |
| | 978-89-522-0096-9 04080(세트) |

※ 값은 뒤표지에 있습니다.
※ 잘못 만들어진 책은 구입하신 서점에서 바꾸어 드립니다.

## 085 책과 세계

강유원(철학자)

책이라는 텍스트는 본래 세계라는 맥락에서 생겨났다. 인류가 남긴 고전의 중요성은 바로 우리가 가 볼 수 없는 세계를 글자라는 매개를 통해서 우리에게 생생하게 전해 주는 것이다. 이 책은 역사라는 시간과 지상이라고 하는 공간 속에 나타났던 텍스트를 통해 고전에 담겨진 사회와 사상을 드러내려 한다.

## 056 중국의 고구려사 왜곡    eBook

최광식(고려대 한국사학과 교수)

중국의 고구려사 왜곡의 숨은 의도와 논리, 그리고 우리의 대응 방안을 다뤘다. 저자는 동북공정이 국가 차원에서 진행되는 정치적 프로젝트임을 치밀하게 증언한다. 경제적 목적과 영토 확장의 이해관계 등이 복잡하게 얽혀 있는 동북공정의 진정한 배경에 대한 설명, 고구려의 역사적 정체성에 대한 문제, 고구려사 왜곡에 대한 우리의 대처방법 등이 소개된다.

## 291 프랑스 혁명    eBook

서정복(충남대 사학과 교수)

프랑스 혁명은 시민혁명의 모델이자 근대 시민국가 탄생의 상징이지만, 그 실상을 아는 사람은 많지 않다. 프랑스 혁명이 바스티유 습격 이전에 이미 시작되었으며, 자유와 평등 그리고 공화정의 꽃을 피기 위해 너무 많은 피를 흘렸고, 혁명의 과정에서 해방과 공포가 엇갈리고 있었다는 등의 이야기를 통해 프랑스 혁명의 실상을 소개한다.

## 139 신용하 교수의 독도 이야기    eBook

신용하(백범학술원 원장)

사학계의 원로이자 독도 관련 연구의 대가인 신용하 교수가 일본의 독도 영토 편입문제를 걱정하며 일반 독자가 읽기 쉽게 쓴 책. 저자는 역사적으로나 국제법상으로 실효적 점유상으로나, 어느 측면에서 보아도 독도는 명백하게 우리 땅이라고 주장하며 여러 가지 역사적인 자료를 제시한다.

## 144 페르시아 문화

eBook

신규섭(한국외대 연구교수)

인류 최초 문명의 뿌리에서 뻗어 나와 아랍을 넘어 중국, 인도와 파키스탄, 심지어 그리스에까지 흔적을 남긴 페르시아 문화에 대한 개론서. 이 책은 오랫동안 베일에 가려 있던 페르시아 문명을 소개하여 이슬람에 대한 편견과 오해를 바로 잡는다. 이태백이 이란계였다는 사실, 돈황과 서역, 이란의 현대 문화 등이 서술된다.

## 086 유럽왕실의 탄생

김현수(단국대 역사학과 교수)

인류에게 '예술과 문명' 그리고 '근대와 국가'라는 개념을 선사한 유럽왕실. 유럽왕실의 탄생배경과 그 정체성은 무엇인가? 이 책은 게르만의 한 종족인 프랑크족과 메로빙거 왕조, 프랑스의 카페 왕조, 독일의 작센 왕조, 잉글랜드의 웨섹스 왕조 등 수많은 왕조의 출현과 쇠퇴를 통해 유럽 역사의 변천을 소개한다.

## 016 이슬람 문화

이희수(한양대 문화인류학과 교수)

이슬람교와 무슬림의 삶, 테러와 팔레스타인 문제 등 이슬람 문화 전반을 다룬 책. 저자는 그들의 멋과 가치관을 흥미롭게 설명하면서 한편으로 오해와 편견에 사로잡혀 있던 시각의 일대 전환을 요구한다. 이슬람교와 기독교의 관계, 무슬림의 삶과 낭만, 이슬람 원리주의와 지하드의 실상, 팔레스타인 분할 과정 등의 내용이 소개된다.

## 100 여행 이야기

eBook

이진홍(한국외대 강사)

이 책은 여행의 본질 위를 '길거리의 철학자'처럼 편안하게 소요한다. 먼저 여행의 역사를 더듬어 봄으로써 여행이 어떻게 인류 역사의 형성과 같이해 왔는지를 생각하고, 다음으로 여행의 사회학적·심리학적 의미를 추적함으로써 여행에 어떤 의미를 부여할 것인가에 대해 말한다. 또한 우리의 내면과 여행의 관계 정의를 시도한다.

### 293 문화대혁명 중국 현대사의 트라우마 eBook

백승욱(중앙대 사회학과 교수)

중국의 문화대혁명은 한두 줄의 정부 공식 입장을 통해 정리될 수 없는 중대한 사건이다. 20세기 중국의 모든 모순은 사실 문화대혁명 시기에 집약되어 있다고 해도 과언이 아니다. 사회주의 시기의 국가·당·대중의 모순이라는 문제의 복판에서 문화대혁명을 다시 읽을 필요가 있는 지금, 이 책은 문화대혁명에 대한 안내자가 될 것이다.

### 174 정치의 원형을 찾아서 eBook

최자영(부산외국어대학교 HK교수)

인류가 걸어온 모든 정치체제들을 매우 짧은 기간 동안 시험하고 정비한 나라, 그리스. 이 책은 과두정, 민주정, 참주정 등 고대 그리스의 정치사를 추적하고, 정치가들의 파란만장한 일화 등을 소개하고 있다. 특히 이 책의 저자는 아테네인들이 추구했던 정치방법이 오늘 우리 사회가 당면한 문제를 해결할 수 있는 지혜의 발견에 도움을 줄 수 있을 것이라고 말한다.

### 420 위대한 도서관 건축순례 eBook

최정태(부산대학교 명예교수)

이 책은 도서관의 건축을 중심으로 다룬 일종의 기행문이다. 고대 도서관에서부터 21세기에 완공된 최첨단 도서관까지, 필자는 가능한 많은 도서관을 직접 찾아보려고 애썼다. 미처 방문하지 못한 도서관에 대해서는 문헌과 그림 등 가능한 많은 정보를 수집하려 노력했다. 필자의 단상들을 함께 읽는 동안 우리 사회에서 도서관이 차지하는 의미에 대해 다시 생각하게 된다.

### 421 아름다운 도서관 오디세이 eBook

최정태(부산대학교 명예교수)

이 책은 문헌정보학과에서 자료 조직을 공부하고 평생을 도서관에 몸담았던 한 도서관 애찬가의 고백이다. 필자는 퇴임 후 지금까지 도서관을 돌아다니면서 직접 보고 배운 것이 40여 년 동안 강단과 현장에서 보고 얻은 이야기보다 훨씬 많았다고 말한다. '세계 도서관 여행 가이드'라 불러도 손색없을 만큼 풍부하고 다채로운 내용이 이 한 권에 담겼다.

eBook 표시가 되어있는 도서는 전자책으로 구매가 가능합니다.

(주)살림출판사
www.sallimbooks.com
주소 경기도 파주시 문발동 522-1 | 전화 031-955-1350 | 팩스 031-955-1355